매일 아침 아빠의 묵상이 배달됩니다

매일 아침 아빠의 묵상이 배달됩니다
© 생명의말씀사 2025

2025년 8월 25일 1판 1쇄 발행
2025년 10월 10일 1판 3쇄 발행

펴낸이 | 김창영
펴낸곳 | 생명의말씀사

등록 | 1962. 1. 10. No.300-1962-1
주소 | 서울시 종로구 경희궁1길 6 (03176)
전화 | 02)738-6555(본사) · 02)3159-7979(영업)
팩스 | 02)739-3824(본사) · 080-022-8585(영업)

지은이 | 최진석, 최보인

기획편집 | 김자윤
디자인 | 이규리
인쇄 | 영진문원
제본 | 보경문화사

ISBN 978-89-04-16920-7 (03230)

저작권자의 허락 없이 이 책의 일부 또는 전체를
무단 복제, 전재, 발췌하면 저작권법에 의해 처벌을 받습니다.

매일 아침
아빠의 묵상이
배달됩니다

CONTENTS

추천사	8
들어가는 글 매일 아침, 마음 눈을 밝힌 17년의 기록	24
대를 이어 신앙을 전수하는 일의 간절함	

Part 1 우리 가족을 소개합니다

아빠가 처음 교회에 나간 이야기를 해줄까?	34
러브레터는 꼭 아가서로 쓰기를	41
공부 잘해서 교만해질 바엔 차라리 안 하는 게 낫다	46
아빠가 매일 아침 너희에게 묵상글을 보내는 이유	52
기독교에 완강했던 할아버지는 어떻게 세례를 받게 되셨을까?	57
너의 뒤에는 항상 믿음의 응원팀이 있단다	64

Part 2 하나님을 바로 알기

다름과 틀림: 의사인 아빠가 신학책을 열심히 보는 이유	74
하나님은 어떤 분이실까?	79
기도가 어렵다면 "우짤까요"라고 시작해보자	85
성경에서 한 구절만 기억할 수 있다면 '황금 사슬'을 기억하렴	90
아빠는 종말이 오히려 기다려지기도 해	93

Part 3 그리스도인으로 살아가는 삶

어떠한 상황에서도 너의 '행위'보다 '존재'가 먼저야	100
늦어도 괜찮아, 하나님은 기다리신단다	114
전도할 때는 주기도문, 사도신경, 십계명을 알려주자	122
교회가 어떤 곳인지를 알아야 내가 속할 교회도 찾을 수 있어	135
진짜를 알면 가짜는 저절로 보이는 법이야	138

Part 4 연애와 결혼, 어렵지만 가치 있는 것

좋은 배우자를 찾기보다 좋은 배우자가 되어주렴	144
그리스도의 향기가 나는 연애	150
결혼은 선택하고 책임지는 묶임이란다	155
자녀는 하나님이 잠시 맡기신 영혼이야	162

(Part 5) 직업과 소명, 하나님 나라를 일터에서 살아내기

억울한 일을 당할 때도 선으로 악을 이겨내렴	172
한 인생이 소명을 따라 산다는 것의 의미	180
내 배만 채우는 것으로 끝나지 않는 인생을 살기를	186
생업에 필요한 세 가지: 동역자, 공부 그리고 물맷돌	190
치열한 경쟁사회에서도 공부해서 남 주는 삶을 살아라	198
허무함을 충만함으로 바꾸는 것은 결국, 사랑이야	202
아빠가 강조하는 기독교 의료관은 뭘까?	216

(Part 6) 그리스도인의 재정 관리

내 물질의 주인이 누구인지를 항상 생각하렴	240
십일조, "나의 모든 것이 하나님의 것입니다"	243
성도는 경제 공부를 손에서 놓지 않아야 한다	248
사회 초년생의 지혜로운 재정 관리 방법은 뭘까?	254
자기계발은 소비와 투자를 구분해야 해	259

Part 7	내 삶에 적용하며 살 수 있을까?	
	백만 송이 장미가 피어나 하나님의 향기가 묻어나길	264
	불청물떡, "불의한 청지기처럼 심판의 날을 준비하자"	272
	'엄개'와 '따개', 율법 앞에서 작아질 때 필요한 것	276
	십계명을 잘 살아내 보리라 다짐하는 어른이 되어라	286

나가는 글	아빠가 가르쳐 준 대로 살지 못하면 어떡하죠?	292
부록	아빠가 추천하는 책과 영화, 한 줄 이야기	302
감사의 말		308

추천사

잘 가르치려면 잘 보여주어야 합니다

기독교 신앙의 가정이 된다고 모든 것이 형통하지는 않습니다. 부부 관계나 자녀 교육에서 기대와 다른 정도가 아니라 전혀 예상치 못한 반발과 끝이 없는 긴장 상태를 각오해야 합니다.

이 책은 독실한 부모가 자녀를 모범적으로 가르친 보기 드문 작품임이 틀림없습니다. 이처럼 한 가정에서 부모가 자녀들에게 모범적인 모습과 결과를 얻었을지라도, 문제는 우리가 살아내야 하는 일상 속에서 너무나 다른 상대들을 만나고 얽혀야 한다는 것입니다. 이웃과 직장에서는 물론이고 몸 담고 사는 현실 세계의 질서 또한 늘 어지럽습니다. 정치, 경제, 사회, 교육 어느 곳에서도 진정한 답이나 책임자들의 모범을 보는 일이 점점 더 어려워지고 있습니다. 문제는 좋은 부모와 좋은 스승을 만나야 하고 그 모범이 현실 속에서 자리를 잡아야 한다는 것입니다. 자리를 잡는다는 것도 직책과 지위라기보다 그러한 명예의 실존이 되는 것입니다.

기독교의 교훈은 방법론과 능력에 관한 것이기보다 존재에 관한 것입니다. 우리만이 빛과 소금입니다. 이 사명을 지키려면 십자가를 져야 합니다. 십자가란 자폭과 방탕이 현실인 자리에서 저들의 질문과 반발을 감내하며 인간 존재의 '본문'이 다름을 지켜내는 것입니다

다. 진리와 생명, 명예와 영광은 인간이 반드시 추구해야 할 영혼 깊은 소망입니다. 잘 가르치려면 잘 보여주어야 하고, 현실의 자폭을 넘어서는 권능과 지혜를 보여야 합니다. 결국 자녀를 잘 기르는 것은 세상과 현실에서 하나님의 역사를 이어가는 것이 됩니다. 세상은 폭력과 비극 뿐이요 기독교만이 인간을 감사와 만족으로 답한다는 것을 모든 인류에게 나누라고 기르고 가르치고 일하게 해야 합니다. 기억해야 할 것은 죄인을 다 처리해서 천국이 만들어지는 것이 아니라 세상과 인류를 구원하여 하나님의 백성된 항복과 찬송을 받아 내라는 것입니다. 어렵습니다!

박영선 | 남포교회 원로목사

대물림 신앙의 복, 신앙의 가문을 꿈꾸는 부모들에게

인생의 어느 길목에선가 예수님을 만나 하나님을 믿는 신앙으로 일평생을 산다는 것은 놀라운 은혜입니다. 그것은 사람이 누릴 수 있는 가장 귀한 복입니다. 그런데 그 신앙이 자기 당대만이 아니라 자녀에게, 그리고 자녀의 자녀에게 대를 이어 전수되며 신앙의 가문을 이루는 것은 더욱 큰 복입니다. 신실한 신앙인이라면 이 사실을 부인할 사람이 없습니다. 사도 바울은 믿음으로 낳은 참 아들이라며 사랑했던 디모데에게 보낸 마지막 편지의 서두에서 디모데의 믿음을 이렇게 칭찬합니다. "나는 너의 진실한 믿음을 기억하고 있다. 그 믿음은 너의 할머니 로이스와 어머니 유니게에게 있었던 것인데, 이제 네가 그 믿음을 물려받았다." 예수를 만난 이후 온갖 종류의 고난을 걸머지고 살면서도 세상에 부러울 것이 없이 당당하게 살아온 바울이었습니다. 그런데 디모데를 보면서는 한 가문에서 3대에 걸쳐 신앙이 대물림되는 모습이 한없이 부러웠던 것임에 틀림없습니다.

자녀들이 신앙에 대하여 부모에게서 보고 배우는 것이 있고, 듣고 깨우치는 것이 있어야 신앙의 대물림이 가능합니다. 부모는 삶으로 본을 보이고, 말로서 가르쳐야 합니다. 자녀는 보고 배워서 몸에 익히고, 듣고 배워서 깨우침으로 자연스럽게 신앙의 대물림이 이루어집니다. 이 책의 저자 부부는 자신의 신앙을 자녀에게 대물림하려는 열정과 헌신을 일관되게 쏟으며 사는, 제가 아는 가장 탁월한 부모 가운데 하나입니다. 저는 저자의 가족과 상당한 기간 서로의 생각과 생활을 속속들이 알 정도로 아주 친밀한 관계를 유지하며 지내오고 있습니다. 그는 자녀들이 아주 어렸을 때부터 거의 매일 말씀 묵상 노트를 작성하여 두 딸에게 보내주기를 지금도 하고 있습니다. 외국에서 공부하는 대학생 두 딸을 방학이면 불러들여서 신학교 교수를 초빙하여 종교개혁 신학 특강을 2-3일씩 듣기도 했습니다. 수시로 자녀를 앞에 놓고 신앙인의 경제생활, 사회생활 등을 치밀하게 준비하여 장시간 강의를 하고, 자녀가 덕망 있는 목회자나 신앙의 지도자를 만날 기회를 만들어주기 위하여 기회가 있을 때마다 일부러 자녀를 동행시킵니다. 또한 자신이 읽은 책을 진지하고 차분하게 자녀와 함께 나누는 모습을 저는 여러 번 목격하였습니다.

이 책에 기록한 내용은 그가 신앙을 자녀에게 대물림하기 위하여 열정적으로 시도한 많은 일 가운데 몇 가지를 뽑아서 딸과 함께 문답 형식으로 소개한 정도입니다. 저는 이렇게 부모에게 신앙을 대물림 받으며 신실한 태도와 분별력있는 신앙적 지혜를 갖춘 다음 세대로 자란 저자의 두 자녀가 복스러워보입니다. 그리고 이제 학업을 마치고 사회인이 된 이들이 물려받은 이 신앙을 앞으로 이룰 가정을 통하여 다시 자녀에게 물려줄 모습을 기대하며 그려보기도 합니다. 이 책은 자신의 신앙을 자녀에게 물려주고 싶은 부모들에게, 부모의 신앙을 대물림하고 싶은 자녀들에게 신앙을 물려주고 물려받으며 세대가 이어지는 멋지고 복된 모습을 보는 감동과 도전을 함께 받게 할 것입니다. 그리고 우리는 어떤 마음으로, 무엇을 해야 할지, 모본이 되기도 하고 나름의 아이디어를 떠올리는 참고서가 되기도 할 것입니다.

정창균 | 설교자하우스 대표, 전 합동신학대학원대학교 총장

그 누구도 부족함이 없게 하시는 하나님의 은혜

매일 아침 묵상을 나누는 아버지, 사랑으로 섬김을 실천하시는 어머니. 그런 부모님의 곁에서 자라며 언제든 그분들께 묻고 귀 기울일 수 있다는 것은, 자녀로서 얼마나 든든하고 복된 일일까요. 첫 페이지부터 사랑이 묻어나는 이 책을 읽으며, 부모와 자녀 사이에 오고 가는 진솔한 대화 속에서 신선한 감동과 도전을 받았습니다. 이 책을 읽는 내내 마음속에 떠오르는 말씀이 있었습니다.

"그들 가운데 부족한 것이 있는 사람은 전혀 없었습니다. 이따금 땅이나 집을 소유하고 있던 사람들이 그것을 팔아서 … 누구든 필요한 사람에게 나눠 주었기 때문입니다."(행 4:34-35, 우리말 성경)

모든 이가 믿음의 가정에서 자라며 부모를 통해 믿음의 삶을 배우는 축복을 누리지는 못하지만, 가장 귀한 것을 내어놓은 이 가족의 나눔을 통해 '그 누구도 부족함이 없게 하시는 하나님의 은혜'가 흘러갈 수 있지 않을까 기대하게 되었습니다. 두 딸을 향한 아버지의 진심 어린 편지를 따라가나 보면 문득 하나님 아버지의 마음이 전해집니다. 삶의 형편과 상황은 달라져도, 우리를 향한 아버지의 사랑은 언제나 이와 같으리라는 것을, 그 사랑 안에서 우리도 언제나 묻고 귀 기울이며 복된 자녀로 살아갈 수 있음을 깨닫습니다. 이 귀한 기록을 기꺼이 나누어주셔서 감사합니다. 이 책을 통해 합력하여 선을 이루실 주님을 기대합니다.

김은유 |「숨 쉬지 못해도 괜찮아」 저자

모든 가장들의 너무도 중요한 사명이자 의무입니다

오랜 세월 옆에서 지켜본 친구이자 동역자로서 최진석 장로는 한 가정의 가장이자 한 병원의 원장이며, 한 지역교회의 장로로서 맡은 바 책무에 최선을 다하는 친구입니다. 주변에 어느 친구도 최진석 장로를 따라 하기가 어려울 정도여서 공공의 적이 되기도 했습니다. 또한 하나님 앞에서 최선을 다한다는 것이 어떤 건지 몸으로 보여주는 친구입니다. 이 땅에 수많은 교회가 있지만 그 많은 교회에서 선포되는 말씀이 모두 하나님 보시기에 아름답지는 않을 수 있듯이, 성경에 나오는 유명한 인물들의 자녀들이 모두 하나님 보시기에 아름답지는 않았으며, 우리의 자녀들이 하나님 보시기에 아름답게 자라기를 바라지만 현실은 그리 녹록치 않습니다. 세상은 우리들의 자녀들이 하나님 앞에 바르게 성장할 수 있게 내버려 두지 않으려 합니다. 그렇다 보니 하나님이 이 땅에 세우신 교회의 최소 단위인 가정에서 하나님의 말씀이 잘 전파되기 위해서 한 가정의 아빠로서 하나님께 받은 은혜와 말씀을 자녀들에게 바르게 전달하는 것은 이 땅의 모든 가장들에게는 너무도 중요한 사명이자 의무란 생각이 듭니다. 그런 의미에서 이 책은 최진석 장로만큼은 아니더라도 각자의 자리에서 가장으로서 자녀에게 자신이 받은 신앙의 유산을 넘겨주기 위한 노력을 하는 일에 좋은 예가 될 것으로 믿어 의심치 않습니다.

김덕수 | 포항 닥터웰의원 원장, 유튜브 '닥터덕' 운영

듣기 좋고 사랑스러운 내용으로 가득한 책

청출어람(靑出於藍)이라는 고사성어가 있습니다. 제자나 자녀가 스승이나 부모보다 더 나음을 비유하는 말입니다. 중국의 사상가 순자(荀子)의 『권학편』(勸學篇)에 나오는데, "권학"은 학문을 권한다는 의미입니다. 그냥 공부하라면 자녀들이 힘들어하지만, 청출어람이 되라고 하면 듣기 좋아하고 행복해합니다. 청출어람처럼, 이 책은 자녀들이 듣기 좋고 사랑스러운 내용으로 가득합니다. 왜냐하면 아빠가 사랑하는 딸들을 향해 좋은 성도가 되도록 쓴 신앙 여정에 대한 편지이기 때문입니다. 자녀를 성경의 진리로 양육하려는 부모님들께 일독을 권합니다.

문정식 | 서울열린교회 담임목사

모든 가정이 이 책의 저자와 주인공과 같기를 바랍니다

"과외 수업으로 교회사를요?" 유학 중에 잠시 귀국한 자녀들과 함께 교회사를 공부하겠다는 최원장님 가정과의 만남은 놀랍고 인상적이었습니다. 이 책의 원고를 받아들고 단번에 읽었습니다. 그리고 성경을 묵상하며 배우고 깨달은 가장 선한 지혜를 자녀에게 전해주는 아빠의 마음에 고개를 끄덕이게 되었습니다. 저는 이 책을 통해 부모의 신앙(믿음)이 자녀에게로 전수되는 현장을 생생하게 목격합니다. 또한 사랑하는 딸들에게 들려주는 아빠의 진솔한 이야기를 통해 끈끈한 가족애를 느낍니다. 저는 모든 가장이 이 책의 저자와 같고, 모든 자녀가 이 책의 주인공인 두 딸과 같으면 좋겠다는 소원을 품게 되었습니다. 아무쪼록 본서를 통해 많은 이들이 저자가 딸에게 소개하는 동일한 하나님을 만나고 참 신자의 풍요한 삶을 향유하기를 간절히 기원합니다.

안상혁 | 합동신학대학원대학교 총장

봄바람 같이 가볍게 읽히되 깊은 여운을 남깁니다

조용하지만 늘 깊은 울림을 주는 사람 최진석 원장을 그가 대학생일 때 처음 만났습니다. 저에게 기억되는 그는 언제나 진지하고 성실하며 불같이 열정적이면서도 한없이 부드럽고 따뜻한 사람입니다.

30년이 훨씬 지난 지금까지도 그는 변함이 없습니다. 진지함과 성실함, 열정과 따뜻함에 깊이와 향이 더해졌습니다. 의사로서, 장로로서 그의 삶은 세상과 구별되지만 결코 세상과 분리되어 있지 않습니다. 그의 삶은 신앙의 고백이고, 그의 신앙은 삶으로 나타납니다. 그런 그가 오랜 세월 매일 딸에게 보낸 메시지를 엮어 책을 펴냈습니다. 책을 읽는 내내 하나님을 향한 그의 진실한 삶의 고백이, 딸들을 향한 깊고 따뜻한 사랑이 촘촘히 느껴집니다. 때로는 묵직하게, 때로는 다정하게, 때로는 미소를 짓게 하며 읽는 이의 마음을 다독입니다. 전문성과 신앙이 어떻게 조화되는지, 세상 속에서 믿음으로 산다는 건 무엇인지, 자녀들에게 신앙을 전수하는 최고의 방법이 무엇인지 아주 명확하게 보입니다. 의사답게 정확하고 장로답게 진실하며 아빠답게 따뜻한 글을 볼 수 있어서 정말 기쁘고 감사합니다. 무엇보다 기독교 신앙의 핵심이 되는 주제들이 이토록 다정하고 쉽게, 그리고 유쾌하게 전달되고 있다는 사실에 박수를 보냅니다. 봄바람처럼 가볍게 읽어지는데 자꾸만 생각을 마음속 깊은 곳으로 이끌며 깊은 여운을 남기는 소중한 책을 감사한 마음으로 추천합니다.

조삼덕 | 광주경신여자고등학교 교장

이 책을 읽고 참 많이 반성했습니다

지금부터 10여 년 전 하나님의 섭리 가운데 만나게 된 저자는 그때부터 지금까지 저의 귀한 믿음의 동역자로 남아있습니다. 저자는 신학적 회심을 통해 오래전부터 초대형교회의 생활을 떠나 시골의 한 작은 교회에 출석하여 연로하신 많은 성도들을 살피고, 돌아보며, 하나님 나라를 섬기고 있습니다. 장로이자 의사인 그는 성도들의 주치의이자 담임 목사님을 도와 성도들을 돌보는 영혼의 의사로서 맡겨진 사명을 참 잘 감당하고 있습니다. 뿐만 아니라 저자에게는 사랑스러운 두 딸이 있습니다. 저자는 두 딸과 수시로 신앙의 대화를 나누며 거의 매일 성경을 묵상한 글을 보내주었으며, 궁금한 질문들에 대답해 주고 방학 때는 성경과 교리와 교회사를 집중적으로 배우게 하기도 했습니다. 저자는 귀한 딸들을 데리고 우리 교회를 방문해서 함께 예배를 드리며 교제를 나누기도 했는데 하나님 말씀을 바르게 설교하고 가르치는 분들의 신앙을 배우고 닮기를 원하는 마음이었을 것입니다.

저는 이 책을 읽고 참 많이 반성했습니다. 목사라는 직무는 필연적으로 많은 성도들을 위해 기도하는 일과 관계합니다. 성도들의 가족들 특히 그들의 자녀들이 범사에 잘되고 강건하기를 기도했습니다. 그런데 과연 목사로서 나는 내 자녀의 신앙을 위해 얼마나 관심을 가지고 기도했는지를 생각해 보게 되었습니다. 그럼에도 아이들이 모나지 않고 밝게 성장한 것은 그저 하나님의 특별하신 은혜일 것입니다. 저자는 자기 자녀들의 믿음이 자라도록 많은 노력을 기울였을 뿐만 아니라 그들의 영혼을 위해 실로 오랫동안 기도했던 자상한 아버지였습니다. 그는 자녀들에게 자신의 결혼 이야기와 신앙 이야기를 들려주면서 그 중심에 언제든지 하나님의 말씀인 성경이 있었음을 말해 줍니다. 또한 왜 환자들이 많이 찾아오는지 그 이유를 밝히면서 아빠가 생각하는 의료관(직업관)도 설명해 주고, 돈을 벌어서 어떻게 써야 하며 하나님의 나라와 주님의 몸 된 교회를 어떤 마음으로 섬겨야 하는지, 신자로서 어떻게 성장해 가야 하는지를 차근차근 가르쳐 줍니다. 글은 그 사람의 인격을 나타냅니다. 이 책을 읽다보면 조근 조근 정성들여 말하는 저자의 모습이 떠오릅니다. 그는 글이나 말이나 행동이 한결같습니다. 자녀 교육에 무슨 특별한 비법은 없을 것입니다. 하지만 이 책을 천천히 읽어가다 보면 하나님께서 우리에게 주신 언약의 후손으로서의 믿음의 자녀들을 어떻게 양육해야 할지 많은 통찰력을 얻게 될 것입니다. 자녀들의 신앙교육을 고민하는 이 땅의 모든 부모들과 또한 그 자녀들이 함께 읽어야 할 책입니다.

신호섭 | 올곧은교회 담임목사, 고려신학대학원 교의학 교수

자녀의 성장에 가장 중요한 질문과 부모의 경험적 대답

저자는 제가 신학과 의학에 있어서 존경하고 신뢰하는 분입니다. 이번에 쓰신 책을 읽은 이후에는 남편과 아빠로도 본받고 싶은 분입니다. 이 책은 이전에 저술한 책과는 달리 성실한 학자와 진실한 의사가 아닌 경건한 딸 바보의 글입니다. 저자의 의학적 전문성이 아니라 신앙적인 인간성이 문서화된 책입니다. 글이 된 저자의 두드러진 인간성은 깨끗함과 따뜻함입니다. 한 페이지를 넘길 때마다 제 영혼의 온도가 1도씩 올라가고 의식의 순도가 높아지는 느낌을 받습니다. 이 책에는 자녀가 성장하며 직면하게 되는 가장 중요한 질문들과 그 자녀를 가장 사랑하는 아빠의 경험적인 대답들이 담겨있어서 경건한 자녀 양육 지침서와 신앙 인생 매뉴얼 같습니다. 고대의 현자들이 사용한 대화법을 통해 전개되는 저자의 신앙인생 이야기는 아주 매끄럽게 읽히고 내용은 깊으며 문장들은 뜬구름 같은 관념이 아니라 우리의 일상에 쫙쫙 달라붙는 구체적인 실천의 지혜로 가득합니다. 하나님을 진실로 사랑해야 얻을 수 있는 은밀한 진리의 깨달음도 곳곳에 박혀 있습니다. 병원에서 성실하게 번 돈을 "나"의 소득이 아니라 "우리"의 일용할 양식으로 이해한 단락에 이르렀을 때에는 저자의 아름다운 기독교 경제관에 큰 감동과 도전을 받기도 했습니다. 이 책을 대한민국 교회의 모든 자녀들이 읽으면 좋겠습니다. 나의 딸아들이 진실하고 지혜롭고 행복한 믿음의 자녀로 자라기를 원한다면 이 책을 선물해 주십시오.

한병수 | 전주대학교 대학교회 목사, 전주대학교 선교신학대학원 원장

결실한 포도나무와 어린 감람나무 같은 가정

아침 안개 같은 인생의 긴 여정 특히 순례자의 지난한 여정 중에는 많은 섭리적 만남이 상존합니다. 당사자의 인식 여부와 상관없이 주께서 주권으로 작성하신 잔잔한 만남부터 패러다임 시프트(Paradigam shift)가 되어줄 획기적 만남까지 인생 전체를 아우르는 만남을 예지 가운데 준비하십니다. 그리스도를 믿는 신앙이 발현되기 전에도 주님은 오래 참으심과 용납하심으로 애써 준비하셨고, 신앙이 움을 트며 발육되는 과정에도 그리스도의 의의 열매가 가득해지도록까지 그리하실 것입니다.

믿음의 동지이며 사역의 동역자인 최진석 원장님과 김은아 사모님, 그리고 슬하의 두 자녀에게 보이신 주님의 보이지 않은 세심한 손길은 이런 제 생각이 틀리지 않았음을 보여주는 살아있는 사례입니다. 삼위 하나님 안에서 신앙과 구원의 본질에 천착하고자 했던 친구의 고민의 흔적이 아내에게 흘러갔고 또한 자연스럽게 자녀에게 흘러가게 되어 그 결과물로써 이 작품이 세상에 등장했다고 봅니다. 주께서 그 흐름을 이끄셨음은 재론의 여지가 없습니다. 저자가 유독 렘브란트(Rembrandt)의 〈돌아온 탕자〉 그림을 사랑할 수밖에 없는 이유를 이 책을 통해 발견한다면 독자 여러분도 그리스도에게로 달려 갈 것입니다. 개혁주의 가치를 내걸고 영문 밖 재 버리는 곳으로 나아가는 친구 내외의 남은 여정에 그리고 아빠의 자취를 따르며 신앙을 알아가는 두 자녀의 여정에 하나님 우리 아버지와 주 예수 그리스도로 좇아 은혜와 평강이 늘 있기를 기도합니다. 또한 이 책을 읽는 믿음의 가장에게 이 책이 작은 도전이 되며 시편 128편 3절 '네 집 안방에 있는 네 아내는 결실한 포도나무 같으며 네 식탁에 둘러 앉은 자식들은 어린 감람나무 같으리로다'라는 약속의 복이 임하시길 빌어봅니다.

홍민석 | 해남 하나의원 원장

앞으로 만날 나의 자녀에게 하나님을 소개하고 싶어집니다

청년 자녀의 입장에서 봤을 때 처음엔 그저 감탄했습니다. 매일 아침, 자녀에게 성경 묵상을 전하는 아버지의 변함없는 루틴에요. 하지만 페이지를 한 장, 또 한 장 넘길수록 깨달았습니다. 이 글이 전하는 건 말씀의 해설이 아니라, 사랑의 고백이었습니다. 그 사랑은 잔잔하면서도 깊었고, 마치 매일 새벽 내리는 이슬처럼 조용히 마음을 적셨습니다. 이 책 속에는 성경에 대한 지식만이 담겨 있지 않습니다. 오히려 그리스도인이라는 거룩한 이름으로 살아온 한 신앙인의 발자취, 그리고 그 안에 꾹꾹 눌러 담긴 믿음의 유산이 있습니다. 젊은이들에게는 걸어가야 할 길을 가만히 가르쳐 주고, 어른이 되어 가는 이들에게는 참된 어른이란 어떤 사람인지를 보여줍니다.

책을 읽는 동안, 제 마음속에도 오래된 기억들이 스쳤습니다. 방문을 닫고 홀로 무릎 꿇어 기도하던 어머니의 뒷모습, 그리고 말씀을 붙잡고 고난을 견디는 법을 가르쳐 주던 그 눈빛. "믿음 생활은 똑바로 해야 하는 거야"라는 외할머니의 단호한 목소리. 그 모든 장면이 이 책 속 문장들과 맞물려, 제 마음 깊은 곳에서 다시 살아났습니다. 저자의 글은 한 사람의 삶을 비추는 거울이자, 우리가 기억해야 할 믿음의 선배들을 불러오는 초대장입니다. 그리고 마침내, 우리가 걸어가야 할 길을 다시금 환히 비춰줍니다. 책을 덮고 나니, 저 또한 펜을 들고 싶어졌습니다. 나의 삶을 준비하시고 이끄신 하나님을, 앞으로 만날 나의 자녀에게 소개하고 싶어졌습니다.

카이 | BBC News 동아시아 사업 총괄, 「그래도 하나님의 길」 저자

매일 아침, 마음 눈을 밝힌 17년의 기록

마음 눈을 밝히사(엡 1:18-19).

제 이름은 최보인입니다. '천국이 보인다'라는 뜻을 가지고 있어요. 부모님은 어려서부터 제 이름의 뜻을 알려주셨습니다.

"보인! 늘 천국을 바라보는 삶, 또 누군가에게 천국을 보이는 삶을 살아가렴."

어렸을 적에는 단순히 천국은 아름다운 곳이니까, 삶을 아름답고 행복하게 살아가라는 부모님의 마음이라고 생각했습니다. 또 천국을 보이는 삶을 살기 위해 때때로 믿지 않는 친구의 손을 잡고 교회에 가기도 했어요.

하지만 점차 시간이 흐르고 성인이 된 지금은 제 이름에 담긴 엄마 아빠의 깊은 마음을 이해하게 되었습니다. 제 이름은 신자가 이 땅을 살아가는 데 가장 중요한 핵심을 담은, 어쩌면 조금은 부담스러운 이름이었습니다. '최보인' 이 세 글자에 천국과 영원을 바라보는 삶, 삶을 통해 하나님의 나라를 보이려 끊임없이 노력하는 삶을 살길 바라는 부모님의 간절한 기도가 담겨있던 것이었습니다.

신자는 하나님의 예정대로 구원받아 의롭다 칭함을 빋고 영원의 삶을 약속받은 사람입니다. 천국과 영원을 살아갈 우리에게 이 땅에서의 삶은 작은 점과 같은 찰나의 순간인 것이죠. 하지만 제 이름에 담긴 부모님의 마음과는 달리, 욕심도 많고 의심도 많은 저는 이 땅의 것에 크게 마음을 쓰며 살아가곤 합니다. 세상의 기준에 맞춘 좋은 학교, 좋은 회사를 꿈꾸며 살았고 지금도 여전히 많은 돈과 멋있어 보이는 자리를 가지기 위해 노력하게 됩니다. 정말 멋진 그리스도인이라면 교회 안에 머무르지 않고 세상적인 성공 역시 이뤄야 한다며, 훗날 세상이 말하는 영광의 자리에서 하나님의 일하심을 고백할 것이라고 자신을 합리화하기도 했습니다.

하나님께서는 그 모든 바람과 계획이 성경적이지 않은 기준으로부터 비롯되었다는 것을 계속해서 일러주고 계십니다. 외면하고 싶은 메시지이지만 하나님은 앞만 보고 달려가는 저를 여러 가지 방법으로 멈추게 하시고, 다시 한번 영원의 시간을 바라보게 하십니다. 그럼에도 불구하고 저의 못 말리는 욕심 때문에 끊임없이 멈추고 달리기를 반복하고 있지만요. 지난 삶을 돌아보니 하나님께서 욕심 많은 저에게 아주 딱 맞는 이름을 선물하신 것은 아닐지 생각해 봅니다.

천국을 바라보는 삶을 위해 나의 마음 눈을 밝혀주시길, 성령님께서 나의 삶 깊숙이 개입해 주시길 기도해야겠습니다. 평생 완벽하게 해낼 수 없는 어려운 숙제를 받은 기분이 들기도 하지만 하나님과 약속으로 묶인 언약 백성답게 최선을 다해 보려 합니다.

이 책은 처음 핸드폰을 가지게 되었던 초등학교 4학년부터, 20대 후반이 된 지금까지 매일 아침 아빠가 보낸 묵상글을 편집해 엮어낸 우리 가족의 소중한 기록입니다. 학교 규정상 핸드폰과 컴퓨터를 사용하지 못하게 됐을 때는 종종 아빠가 글을 모아 학교로 이메일을 보내기도 하셨죠. 그때마다 선생님께서 아빠의 편지를 A4용지에 인쇄해 슬쩍 건네주셨습니다. 비밀스레 건네받은 아빠의 편지와, 공중전화로 오가는 부모님과의 대화는 유학 생활의 피로와 불안함을 내려놓고 다시금 하나님께 집중할 수 있게 하는 에너지가 되었습니다. 이후로도 매일 아침 도착하는 아빠의 메시지는 어려운 말씀 묵상의 길잡이가 되어주기도 했고, 친구들에게는 자랑이 됐으며, 때론 삶의 부담이 되기도 했습니다.

돌아보면 아빠의 글이 신앙의 성장에 가장 큰 버팀목이 되어 주었던 것 같아요. 긴 시간을 거쳐 저의 신앙이 조금씩 단단해지면서 아빠의 글이 점점 마음에 더 깊이 와닿게 되었고, 수천 개의 메시지를 다시 읽고 엮으며 느꼈던 가장 큰 감정은 천군만마를 얻은 듯한 든든함이었습니다. 유일무이한 하나님의 사랑과 지혜로 쓰인 아빠의 글은 앞으로도 제 삶에 가장 소중한 재산이 될 것입니다.

제가 느꼈던 것처럼, 이 메시지들이 따뜻한 위로와 지혜, 포근한 하나님의 사랑으로 잘 전달되면 좋겠습니다. 그리고 조금 부끄럽지만 언제든지 기댈 나무가 되어준 아빠와 사랑으로 저를 꽃 피워준 엄마, 평생을 가장 친한 친구로 저와 함께해 준 동생 예주에게 고마운 마음을 전하고 싶어요. 늘 감사합니다.

최보인

대를 이어 신앙을 전수하는 일의 간절함

저는 가정의학을 전공한 33년차 의사입니다. 그리고 시골교회의 장로입니다. 저희 부부는 청년 시절부터 예수를 믿기 시작했습니다. 교회 청년부 회장과 부회장으로 열심히 활동하다 결혼했지요. 그리고 두 딸을 낳았습니다. 그 딸들이 지금은 대학을 졸업하고 사회에 첫발을 내딛기 시작한 숙녀가 되었네요.

저희 부부는 신혼 시절부터 날마다 성경을 묵상했습니다. 두 딸은 글을 배우기 전부터 날마다 성경을 묵상하는 엄마 아빠의 모습을 보며 자랐습니다. 첫째가 열한 살이 되었을 때 아이들에게 휴대폰을 사주었고, 저의 묵상글을 요약하여 딸들에게 보내주었습니다. 두 딸은 휴대폰을 처음 갖게 되었을 때부터 성년이 된 지금까지 매일 아침 아빠의 묵상글을 휴대폰 메시지로 받아보고 있는 셈입니다. 유학 생활로, 직장 생활로 아이들과 멀리 떨어져 지낸 세월이 짧지 않지만 아빠의 묵상글로 우리는 매일 함께 했습니다. 아이들이 이런저런 문제나 고민들을 수시로 질문하면 우리 부부는 나름대로 대답을 해주었고 아빠인 저는 그 대답들을 글로 적었습니다. 때로는 묻지 않았지만 아이들의 미래를 바라보며 해주고 싶은 말들이 있었습니다. 어떤 때는 차분히 시간을 내어 과외공부를 시키듯이 하나의 주제를 가지고 집중적으로 이야기를 나누기도 했습니다.

20년 넘게 아이들과 대화하다 보니, 아이들이 묻고 아빠가 써 보낸 글들이 제법 쌓이게 되었습니다. 아이들의 관심사가 변해감에 따라서 그 주제도 다양해졌지요. 성년이 된 아이들은 어릴 때 보내주었던 아빠의 글이나 아빠가 가르쳐 주었던 내용들을 때때로 떠올리며 새삼스럽게 고마워합니다. 글들을 받을 때의 기분을 그리워하기도 합니다.

어느덧 아이들이 독립해 세상으로 나가야 하는 시기가 되었습니다. 아이들이 살아갈 세상은 기독교 신앙의 영향력이 미미해지고 신앙에 대한 잘못된 가르침은 더 많아질 것입니다. 제 인생과 인품이 더 원숙해지고 더 다듬어진 후에 책을 써야 한다고 생각했지만, 더이상 미룰 수 없다고 느꼈습니다. 저의 지력이나 체력도 언제까지 지속될지 모른다는 생각이 마음을 조급하게 했는지도 모르겠습니다.

비록 신학을 공부하지 않은 시골교회의 장로이지만 저에게는 하나님께서 맡겨주신 자녀를 신앙으로 잘 키워서 대를 이어 신앙을 전수하고 싶은 간절함이 있습니다. 그리고 부모가 세상을 떠난 후에도 자녀들이 부모를 잘 만나 신앙을 배우고 자란 것에 긍지를 느끼게 해주는 그런 부모가 되고 싶은 간절한 마음이 있습니다.

둘째의 대학 졸업을 계기로 저희 부부와 두 딸이 의기투합해 아빠인 저는 그간의 글 보따리를 다시 풀었습니다. 큰딸은 그 글들을 선별하고 정리하여 편집하는 일을 맡고, 사진을 전공한 작은딸은 가족의 이야기를 사진으로 정리해 주었습니다. 그렇게 이 책이 세상에 나오게 되었습니다. 우리 가족에게는 잊을 수 없는 값진 추억의 기록이 되고, 독자분들에게는 자은 감동이나 재미가 되었으면 좋겠습니다. 마치 숨겨놓았던 보물을 공개하듯이 수줍은 마음으로 우리 가족의 이야기를 여기에 풀어놓습니다.

두 딸의 아빠 최진석

"성경을 통해 보여주신 하나님의 약속을 따라
꽃처럼 아름답게 피어나길."

Part 1.
우리 가족을 소개합니다

"만약 집에 불이 났을 때
물건 하나만 챙겨갈 수 있다면
사진 앨범을 챙기렴."

아빠는 사진을 찍고, 추억하는 것을 좋아하세요. 그 영향으로 동생은 사진 예술을 전공하게 되었고, 저는 핸드폰에 10만 장이 넘는 소중한 사진을 담게 되었습니다. 종종 온 가족이 둘러앉아 엄마 아빠의 어린 시절부터 앨범을 한 장 한 장 넘겨 가다 보면, 사진 속 에피소드를 궁금해하게 됩니다. 저와 동생의 질문에 부모님은 언제나 기억을 더듬어 재미있는 옛날이야기를 해주시죠.

아빠가 처음 교회에 나간 이야기를 해줄까?

초등학교를 입학하고 충격적인 사실을 알게 되었습니다. 그건 바로 교회를 다니지 않는 친구가 있다는 것이었어요. 하나님을 모르다니, 일요일에 교회를 가지 않는다니! 어렸을 때부터 교회에서 자란 저에게는 무척 당황스러운 일이었어요.

집에 돌아가 부모님께 새롭게 알게 된 사실을 전했고, 그날 저는 모태신앙의 정의에 대해 알게 되었습니다. 엄마 아빠 역시 하나님을 알아가기 위해 고군분투했던 시절이 있었다는 것도요. 각자에게 꼭 필요한 것들을 채워가며 훈련의 과정을 가지게 하시고, 결국 교회로 하나되게 하신 하나님의 특별한 계획이 경이롭게 느껴졌습니다.

아빠가 중학교 방학을 앞에 두고 신이 나 있던 방학식 날, 선생님이 반 학생들에게 책 세 권을 소개해 주셨어. 선생님의 인생을 바꾼 책이라고 하시면서 『천로역정』, 『성채』, 『참회록』을 꼭 읽어봤으면 좋겠다고 강조하셨단다. 집에 돌아가 할아버지 책장을 둘러보니 세 권의 책이 모두 있었어. 방학 동안 그 책들을 다 읽어보았는데 이해가 되는 내용도 있고 그렇지 못한 내용도 있었던 것 같아. 하지만 그 일을 계기로 교회에 관심이 생기기 시작했단다. 친구를 따라 교회에 나가보니 처음에는 교회가 이스라엘 역사를 알려주는 학원처럼 느껴지기도 했는데, 나름 재미있어서 즐겁게 교회에 다녔던 것 같아.

그러다 고등학생이 되었을 때 학급 선생님 중에 이단 교회에 출석하시는 분이 계셨어. 그 선생님은 아빠를 비롯해 학급의 모든 친구에게 구원파 복음을 전했고, 실제로 많은 친구를 구원파 교회로 데려가기도 했단다. 아빠가 출석하고 있었던 교회 선생님께서 이 일을 아시고는 정통교회와 이단의 차이점에 대해 알려주셨는데, 아직 초보 신앙을 가지고 있던 아빠는 정통교회와 이단에 대해 잘 정리가 되지 않았고, 그래서 교회를 한동안 나가지 않기로 해버렸단다.

우리가 구원을 생각할 때는 "무엇으로부터의 구원인가", "무엇을 향한 구원인가"를 확실히 해야 해. 올바른 신앙에는 죄와 사망으로부터의 구원, 거룩과 영광을 향한 구원 이 두 가지가 반드시 존재해야 한단다. 구원파적인 신앙은 거룩한 삶에 대한 추구 없이 살아가게 하고, 결국 구원의 감격에만 빠져 우리가 살아내야 할 믿음의 삶은 챙기지 못하게 되는 거야. 구원파 교회에 나가지는 않았지만 돌이켜 생각해 보면 당시 아빠의 신앙은 다분히 구원파적이었던 것 같아.

시간이 흐르고 아빠는 의과대학에 들어가 특별한 동기를 만났어. 1년 재수를 해서 의대에 들어온 한 살 많은 형이었는데, 그 형은 같은 과 동기 140명을 한 명 한 명 만나 그들에게 복음을 전하겠다는 엄청난 열정을 가진 사람이었단다. 그 형은 아빠가 결정적으로 복음을 받아들이고 교회에 나갈 수 있도록 함께해 주었어. 이때 제자도를 배우면서 본격적으로 아빠의 신앙생활이 시작된 거야. 그리고 동시에 너희 할아버지와의 종교전쟁도 시작되었지.

할아버지는 국민학교 대신에 서당을 다니셨대. 대학교를 졸업하고 나서는 사업을 하시다가 학교에서 국어와 한문을 가르치는 교사로 일하셨어. 글과 그림을 사랑하셨던 할아버지의 작품을 얻으려고 일요일 아침이면 사람들이 집에 찾아오곤 했지. 할아버지는 부분적으로 일본어와 영어로 대화가 가능하셨고, 중국 사람과는 필담으로 대화가 가능하셨단다. 그래서 할아버지가 젊었을 때는 미군부대에서 일하며 돈을 벌었고, 이후에는 제도기 공장을 운영하시면서 많은 돈을 벌 수 있었다고 해.

어느 날 동업자였던 공장장의 배신으로 하루아침에 사업이 망하게 되었는데, 할아버지는 돈을 챙겨 도망간 동업자를 흉보지 않으셨어. 하루는 아빠가 할아버지에게 물었단다.

"아버지, 옛일이지만 화나지 않으세요?"

그때 할아버지의 대답은 조금 충격적이었지.

"어차피 내 돈 아니었다……."

할아버지는 유학자로서 빈손으로 왔다가 빈손으로 간다는 '공수래공수거'를 삶에 적용하신 거야. 욕심 하나 없는 마음으로 비워진 삶을 살아가시던 할아버지에게 복음을 전하기란 정말 어려운 일이었단다.

"유교도 있고 불교도 있는데, 왜 교회를 가는 거니?"

"아버지, 공자는 살아서의 삶도 다 알 수 없는데 죽음 이후를 어떻게 알겠냐고 말했잖아요. 이런 공자가 어떻게 믿음의 대상이 될 수 있을까요? 유교는 종교가 아닌 생활철학 혹은 도덕철

학일 뿐입니다."

"기독교는 우리 종교가 아닌 서양의 종교일 뿐이다."

"불교나 유교도 외국에서 들어왔습니다. 토착 신앙만 주장하실 거면 샤머니즘만 믿어야 하겠지요."

"기독교는 조상을 잘 모시지 않는다."

"기독교 기도문 중에 '아브라함의 하나님, 이삭의 하나님, 야곱의 하나님…'으로 기도하는 글이 있습니다. 기독교 역시 조상의 하나님을 믿고, 조상을 자랑스러워해요. 성경에는 대홍수로 인해 노아의 가족이 새로운 인류의 조상이 되었다고 기록되어 있습니다. 바꾸어 말하면 한민족의 조상도 노아 할아버지가 되겠지요."

"조상님들을 모시는 제사도 거부하는 것이 기독교 아니더냐?"

"우리 위로 5-10대만 기억하면서 조상을 잘 모신다고 하는 것은 이상합니다. 최 씨의 시조님을 특별히 기억하는 것처럼 아담과 노아까지 기억해야지요."

아빠는 복음을 전하기 위해 「사영리」라는 작은 책자로 전도를 하고, 할아버지의 논리에 반박할 수 있는 말들을 열심히 준비해서 정말 치열하게 논쟁을 벌이곤 했단다.

할아버지는 아빠가 어렸을 때부터 한자를 가르쳐 주시기도 했는데, 매번 쉽고 재미있게 기억할 수 있도록 한자를 풀어서 설명해 주셨어. 아빠는 할아버지를 논리적으로 설득하기 위해 멋대로 한자를 풀어낸 내용을 들이밀며 성경 이야기를 주장하기도 했지.

할아버지의 가르침

船(배 선): 여덟 개의 입, 즉 여덟 명 이상이 탈 수 있는 큰 배를 말한다.

田(밭 전): 밭두렁을 형상화했다.

示(보일 시): 항상 신을 의미한다.

禁(금할 금): 숲에 계시는 신이 하지 말라고 하신다.

婪(탐할 람): 숲에 있는 여자가 매력 있다고 탐내면 안 된다.

義(옳을 의): 내 손으로 양을 머리에 이고 옮기는 것이 옳음이다.

아빠가 짜깁기한 성경적 해석

船(배 선): 인류가 처음으로 만든 큰 배에 노아의 가족 여덟 명(八)의 사람(口)이 있었다.

田(밭 전): 중앙에서 네 개의 강이 흐르는 동산, 즉 에덴동산을 형상화한다.

示(보일 시): 하늘과 땅을 만드신 삼위일체의 신.

禁(금할 금): 신(示)께서 두 나무(林), 즉 선악과 나무와 생명과 나무 앞에서 먹지 말라고 금하셨다.

婪(탐할 람): 그런데 여자가 두 나무를 바라보며 먹고 싶어함. 즉 선악과를 탐했다.

義(옳을 의): 내 손으로 양(羊)을 신에게 드리면 신이 '의'로 여겨주신다.

아빠와 할아버지의 대화는 마치 창과 방패 같았어. 둘 사이에 벌어진 종교전쟁의 결과는 어땠을까?

가차 없이 아빠는 집에서 쫓겨났고 할아버지와의 전쟁은 잠시 쉬어가게 되었단다.

러브레터는 꼭
아가서로 쓰기를

한동안 저는 엄마와 함께 찍은 아기 시절 사진을 다이어리에 넣어 다녔어요. 볼이 꽉 눌리도록 엄마에게 뽀뽀를 받는 모습이 마음에 들었거든요. 그리고 어느 날 사진 속 엄마가 제 또래로 보이는 때가 되었다는 것을 알게 되었습니다. 앳되어 보이는 엄마가 결혼했을 때는 몇 살이었는지 갑자기 궁금해졌어요. 저의 기억 속 엄마는 늘 사랑받는 아내이자 예쁨받는 며느리였기에, 20대 후반의 엄마가 어떻게 그 역할들을 해내며 살았는지 궁금했거든요. 이야기를 들으며 엄마를 닮고 싶다는 마음이 더 커지게 되었습니다.

할아버지에게 전한 복음을 듣고 할머니는 교회에 출석하기 시작하셨어. 아빠가 의사가 되자 할머니는 아빠를 불러 결혼할 사람을 데려오라고 하시더구나.

"진석아, 내가 교회에 몇 년 나가보니 마음에 드는 애가 세 명 있더라. 그중에 한 명을 집에 데려오렴."

할머니가 마음에 든다고 했던 세 명의 자매 중 한 명이 바로 너희 엄마였어. 아빠가 속해 있던 교회의 자매들 중 너희 엄마는 눈에 띄게 아름다운 자매였단다. 긴 생머리에 예쁜 얼굴이었고, 고운 목소리로 찬양을 하고 피아노를 치는 모습이 무척 아름다워 보였어. 교회학교 유치부 교사였는데, 새 학기에는 서너 명의 아이들로 시작해도 겨울이 되면 너희 엄마가 담당하는 반은 10여 명으로 늘어나 있었지.

아빠네 반 아이들은 글을 읽을 수 있어도 요절 암송은 잘해내지 못하는데, 엄마가 가르치는 유치부 아이들은 대부분 요절 암송을 잘해내더구나. 어느 날 비결을 물어보니 손동작을 더해 말씀을 가르치고, 주중에 아이들과 전화 통화로 함께 말씀을 복습한다고 했어. 그 모습을 보면서 좋은 엄마가 될 것 같다는 생각도 했단다. 하지만 섣불리 다가가지 못하고 수년간 엄마를 지켜보다가 결국 용기를 내서 데이트 신청을 했어.

너희 엄마는 그 당시 교회에서 청년들에게 아주 인기가 많았어. 아빠를 제외한 여러 형제가 엄마의 마음을 얻기 위해 노력하고 있었지. 그중 한 형제가 잠언을 필사해서 엄마에게 선물했다는 것을 알게 되었어. 그래서 아빠는 곧장 아가서의 일부를 적어서 엄마에게 편지를 했단다.

> 나의 사랑하는 자가 내게 말하여 이르기를 나의 사랑, 나의 어여쁜 자야 일어나서 함께 가자 겨울도 지나고 비도 그쳤고 지면에는 꽃이 피고 새가 노래할 때가 이르렀는데 비둘기의 소리가 우리 땅에 들리는구나 … 나의 사랑, 나의 어여쁜 자야 일어나서 함께 가자 바위 틈 낭떠러지 은밀한 곳에 있는 나의 비둘기야 내가 네 얼굴을 보게 하라 네 소리를 듣게 하라 네 소리는 부드럽고 네 얼굴은 아름답구나 (아 2:10-14).

잠언에는 현숙한 여인에 대한 이야기가 기록되어 있단다. 잠언을 필사해서 선물한 형제는 엄마에게 '현숙한 여인이 되어 주세요'라는 마음을 전하고 싶었던 것 같아. 반면 아가서는 '내가 이렇게 사랑해 줄게요'라는 솔로몬의 청혼 메시지를 담고 있지. 잠언과 아가서 두 편지를 받은 엄마는 결국 아가서를 선택했고, 아빠는 엄마와 사랑을 시작할 수 있었단다. 아가서가 잠언을 이긴 셈이지?

그렇게 엄마와의 연애가 시작되고 드디어 프로포즈를 하기로 결정했어. 아빠가 다니던 대학교 법대 건물이 산 위에 위치해 있었는데, 가파른 경사를 올라가야 해서 힘들긴 하지만 온 시내가 다 보여서 전망이 아주 좋았단다. 그래서 네 엄마를 법대 건물이 있는 곳까지 데리고 올라갔어. 전망이 좋은 곳에 자리를 잡고, 당시 200원이었던 자판기 커피를 사주며 프로포즈를 했단다. 산 아래에는 멋진 2층집 마당에 예쁜 그네가 보였는데, 앞으로 저런 집에서 살게 해주겠다고, 그리고 그네도 꼭 밀어주겠다고 약속했지. 또 성경대로 살아갈 것과 가끔은 시집과 꽃을 선물해 주겠다고 약속했어.

어설프고 초라한 프로포즈에 말뿐인 약속이었지만, 엄마는 "Yes!"라고 대답해 줬단다. 훗날 아파트에 살면서도 엄마와의 약속을 지키기 위해 아빠는 거실에 그네를 두었어. 나중에는 너희들이 좋아하는 놀이 장소가 되었지. 자판기 커피와 함께 한 프로포즈… 지금 생각하면 고맙고 미안한 기억으로 남아있단다.

항상 사랑받는 아내이자 며느리였던 엄마의 20대

"나의 사랑, 나의 어여쁜 자야 일어나서 함께 가자."
그렇게 아가서의 편지를 통해
엄마 아빠의 연애는 시작되었단다.

공부 잘해서 교만해질 바엔
차라리 안 하는 게 낫다

"보인이는 아빠가 의대 가라고 하시지? 공부 열심히 해야겠다."
초등학생 시절, 친구 어머니의 질문이 저를 당황하게 했어요.
그리고 제 대답은 친구의 어머니를 당황하게 했습니다.
"아니요, 아빠가 의사만 되지 말라고 하던데요…?"
생각해 보니 아빠는 단 한 번도 저와 동생에게 공부하라고 강요하신 적이 없었어요. 오히려 "오늘은 숙제하지 말고 아빠랑 놀면 안 돼?"라는 달콤한 유혹을 던지고는 했습니다. 또 가끔은 의대 도서관과 응급실에서 있었던 드라마 같은 무용담을 들려주면서 저와 여동생이 의대에 가서 고생하지 않았으면 하는 마음을 내비치셨어요. 그리고 아빠는 결국 두 딸을 입시와 사교육에서 자유로운 곳으로 유학 보내기를 선택하셨습니다.

눈물 많은 '딸 바보'에게 쉽지 않은 선택이었을 거예요. 이러한 결정을 하기까지 자식을 향한 본인의 욕심을 단 1%도 용납하지 않았다는 것도, 오로지 두 딸이 누릴 행복과 참된 교육만이 아빠의 마음을 다잡는 데 가장 큰 요소가 되었다는 것도 알게 되었습니다. 아빠는 왜 우리에게 공부하라고 하지 않았을까요?

아빠가 중학교에 다니고 있을 때, 하루는 전교 1등이었던 친구 집에 놀러 갔어. 친구의 아버지는 대학교 교수님이셨는데 아빠를 보고 이것저것 물어보시더구나.

"진석이 아버지는 무슨 일 하시니?"

"학교에서 학생들 가르치십니다."

"내일이 시험인 것은 알고 있니?"

"네, 알고 있는데요."

"넌 시험공부 안 하니?"

"저는 공부 안 하는데요……?"

집에 돌아온 아빠는 곧장 할아버지를 찾아가 물었어.

"아버지, 다른 애들은 집에서 공부를 하나요?"

"대부분 그렇지."

"그럼 저는 왜 집에서 공부를 안 해요?"

"1등 할 필요 없다."

아빠는 그동안 공부는 학교에서만 하는 것으로 알고 자랐던 거야. 학교에서 집에 돌아가는 길에 숙제가 생각나면 담벼락 앞에 앉아 대충 해치우고, 집에 가서는 재미있게 놀기만 하면서 국민학교 시절을 보냈거든. 할아버지는 약하게 태어나 동급생 중에 가장 키가 작았던 막내가 안쓰러운 마음에 집에서까지 공부를 시키고 싶지 않으셨던 것 같아. 그 마음이 너희를 키우면서 조금씩 이해가 되기 시작했단다.

하지만 너희들에게 공부를 강요하지 않은 이유는 한마디로 아빠의 본성이 생각보다 악하다고 생각했기 때문이야. 아빠는 고등학교 기숙사에서 문과 1등과 이과 1등 친구들하고 한방을 써보았어. 그곳에 모인 친구들은 정말 놀라운 수재들이었고 또 정말 성실한 학생들이었단다. 시간이 지나 의과대학에 가니 어디를 가나 똑똑한 수재들이 모여있었지. 대학생이던 아빠는 캠퍼스에서 노방전도는 할 수 있었지만, 그 똑똑한 수재들에게는 복음을 전하지 못했어. 아빠의 신앙이나 성경 지식이 부족해서일 수도 있지만, 그들은 가진 것이 많고 아는 것이 많아 복음이 들어갈 자리를 내어주지 않았고, 복음 없이도 잘살 수 있다고 자만하며 교만한 모습을 보이기도 했기 때문이란다.

  사실 인생의 본성은, 자신의 공로가 조금만 들어가서 어떤 것을 성취하면 더 교만해지고 더 당연해지고 더 자랑하게 된단다. 그러나 결국 그 끝은 망하는 길에 서 있게 될 거야. 아빠 역시 공부할수록 교만해지고 성공할수록 더 높아지는 걸 경험했는데, 인생은 높아질수록 떨어질 때 더 아프더구나. 그러니 피눈물 나게 열심히 공부하여 교만해지고, 추락하여 망하는 것보다는 차라리 인생을 재미있게 꾸려나가는 것이 더 좋다고 생각하게 되었어.

  하지만 그럼에도 너희들은 공부를 하려고 했지. 열심히 공부한 것을 잘 알고 있단다. 그런 너희에게 가르쳐 줄 수 있는 것은 바른 목표로 공부하는 것이었어. '공부해서 남 주냐?'라는 속담을 많이 이야기했었는데, 기억하니? 이 속담의 뜻은 공부한 것은 내 지혜와 지식이 되고 내 머릿속에 있는 것이니 잊어버릴 수 없다는 거야. 마치 자기 이익을 위해서만 공부하라는 뜻처럼 들리기도 하지. 그래서 너희에게는 이 속담과 반대로 가르쳤단다. 공부는 남 주려고 하는 거라고 말이야. 배운 것은 나 혼자만을 위한 것이 아니라, 이웃을 살리고 세상을 더 밝게 하는 데 쓰기 위해서 배우는 것이지.

의사인 아빠는 열심히 공부하면 환자의 생명을 살리는 일에 보탬이 될 수 있단다. 그래서 아빠는 남 주기 위하여 공부하라고 했고, 보인이는 친구들과 필기노트를 아낌없이 나누며 함께 공부한 것으로 알고 있어.

하나님께서 우리에게 주신 지성과 배움의 기회는 섬김을 위한 도구라는 걸 기억하렴. 너무 열심히 공부하면 교만하여 망하기 쉽단다. 하지만 이 세상을 살아가는 데 꼭 필요한 공부라면 남 주기 위해 공부하자. 세상을 이롭게 하려고 공부하고, 이웃을 먹이기 위해 돈을 벌고, 하나님 나라를 이루기 위해 머리와 마음을 쓰는 너희가 되었으면 하는구나. 그러니 너무 열심히 공부하지 말고, 아빠랑 같이 놀자!

'다른 공부'를 열심히 시킨 이유

하지만 적어도 하나님이 어떤 분이신지는 반드시 알아야 한단다. 인생이 얼마나 헛되고, 우리가 얼마나 죄 많은 존재인지를 깨달아야 해. 아빠가 너희에게 소요리문답, 대요리문답, 하이델베르크 교리문답 등을 가르친 이유가 바로 그것이란다.

만약 하나님을 모르고 영원을 보지 못한 채, 세상 공부만 열심히 해서 지식을 쌓고 물질을 모은다면, 그 지식과 물질은 오히려 너희 영혼을 태우는 불쏘시개가 되고 말 거야. 많을수록 더 빨리, 더 오래 타겠지. 어리석은 부자가 그랬고, 부자 청년 관원이 그랬단다. 그래서 예수님도 낙타가 바늘귀로 들어가는 것이 부자가 천국에 들어가는 것보다 쉽다고 하신 거야.

하나님을 알고, 나 자신의 비참함을 알고, 그리스도의 십자가를 아는 것이 전부란다. 그것이 진짜 지혜이고, 참된 부유함이라는 걸 꼭 기억해.

어린 시절 저와 예주는 아침에 '예수님이 좋아요' QT를 했어요

아빠가 매일 아침 너희에게
묵상글을 보내는 이유

아빠는 제가 본 사람 중에 가장 성실한 사람입니다. 10년 넘게 매일 아침 출근 전 엄마를 위한 커피를 내리고, 20년 넘게 매일 아침 묵상글을 적어 가족과 친구들에게 메시지를 보내주세요. 이런 아빠의 성실함 덕분에 저는 처음 핸드폰을 가지게 되었던 열한 살 때부터 지금까지, 하루도 빠짐 없이 따뜻한 묵상글로 아침을 시작하고 있습니다. 새벽같이 병원 문을 열고 환자를 돌보는 일만으로도 고단할 텐데… 가끔 바쁘다는 핑계로 말씀 묵상을 뒤로하게 될 때면, 알람처럼 울리는 아빠의 아침 메시지가 건강한 찔림으로 저에게 다가오기도 합니다. 그런 아빠의 묵상글에 담긴 마음을 더 깊이 이해하고 싶었어요.

신명기 31장에는 모세가 이스라엘 백성에게 7년에 한 번 모여서 율법을 낭독하라고 명하고 있어.

온 이스라엘이 네 하나님 여호와 앞 그가 택하신 곳에 모일 때에 이 율법을 낭독하여 온 이스라엘에게 들게 할지니 곧 백성의 남녀와 어린이와 네 성읍 안에 거류하는 타국인을 모으고 그들에게 듣고 배우고 네 하나님 여호와를 경외하며 이 율법의 모든 말씀을 지켜 행하게 하고 또 너희가 요단을 건너가서 차지할 땅에 거주할 동안에 이 말씀을 알지 못하는 그들의 자녀에게 듣고 네 하나님 여호와 경외하기를 배우게 할지니라(신 31:11-13).

아빠는 매일 아침 너희에게 묵상글을 보낼 때면 모세가 말한 7년을 생각하곤 해. 매일의 묵상이 7년간 쌓이면 아마 성경 전체를 함께 보는 셈이 될 거야.

사사기 18장 30절에 모세의 손자 요나단이 등장한다는 걸 알고 있니? 모세는 하나님의 엄청난 은혜로 홍해를 건너 시내산에서 말씀을 받는 은혜를 경험했지만, 그의 손자 요나단은 훗날 한 가족과 한 지파를 타락하게 하는 주범이 되었단다. 아빠는 이 말씀을 묵상하면서 모세가 후대에게 하나님에 대한 것들을 잘 가르치지 못했던 건 아닐까 생각하게 되었어.

너희가 어렸을 때부터 매일 묵상하고 기도할 수 있도록 하고, 지금도 아빠가 매일 묵상글을 보내는 이유가 바로 여기에 있어. 너희가 '오직 성경'의 인생을 살기를 바라기 때문이란다.

하나님과 동행하며 믿음으로 살아가는 동안 '오직 성경'을 항상 기억하렴. 삶의 우선순위와 최종 권위를 어디에 두고 있느냐에 따라 우리가 살아가는 모습은 완전히 달라지게 된단다. 예를 들어 교회, 체험, 성경, 전통 중에 무엇을 우선에 두느냐에 따라 그 사람의 신앙생활과 삶의 모습이 결정돼. 만약 체험을 가장 우선시한다면 직통계시나 초자연적인 현상을 추구하겠지? 자신의 생각이나 상상 속에 빠져들거나 어떤 기이한 현상들에 매몰되어 그것이 어디로부터 온 것인지 분별하지 못한 채 하나님의 뜻과는 멀어져 버릴 수도 있을 거야.

반면 전통이나 관습을 우선시한다면 사회가 만들어 놓은 신념이나 가치 체계를 성경보다 더 높게 생각하고 그 가치체계 속에서 성경을 이해하려고 들겠지. 그러면 자신도 모르게 성경을 자기가 지닌 신념과 가치를 확고히 다지기 위한 수단쯤으로 생각하는 오류에 빠질 수 있단다. 당연히 성경을 왜곡해서 보게 될 것이고, 하나님의 뜻에서 아주 멀어질 수 있지.

사람의 마음은 한없이 나약하고 눈에 보이는 것을 좇기 마련이라 직통계시나 눈에 보이는 특이한 현상을 좋아할 수 있어. 하지만 하나님께서는 구원에 필요한 모든 것을 성경 안에 담아주셨단다. 나의 체험이나 어떤 전통, 관습보다 성경을 가장 우선순위에 두고, 신앙의 최종 권위를 성경에 두는 것이 안전하고 올바른 방향이야.

또한 '오직 성경'은 성경 전체를 의미하기 때문에 창세기부터 계시록까지 어디 한 군데도 **빼먹지** 않고 골고루 알고 있어야 한단다. 양이 너무 방대하게 느껴진다면 아빠가 추천하는 순서대로 성경을 읽어보면 좋을 것 같아. 먼저 사복음서 중 하나를 공부하고 그다음에 로마서, 창세기, 잠언, 시편, 계시록, 데살로니가서 순으로 공부하는 거야.

하나님의 뜻을 알고 싶고 주님의 음성을 듣고 싶다면 골방에 틀어박혀서 직통계시를 구하지 말고 성경을 읽으렴. 얼른 이해되지 않는다 해도 지속적으로 꾸준히 읽기 바란다. 성경의 저자이신 성령님께서 깨닫게 해주실 것을 믿고 기대하면서 읽어봐. 그리고 성경대로 살아내려고 노력하면 된다. 어느 순간 너희의 삶 곳곳에서 하나님의 생각과 마음이 느껴지게 될 것이고, 너희의 삶이 하나님의 뜻 안에 있음을 느끼게 될 거야. 그것이 아빠가 생각하는 '오직 성경'의 인생이란다.

아빠는 매일 아침 메신저로 묵상 메시지를 보내주세요

기독교에 완강했던 할아버지는
어떻게 세례를 받게 되셨을까?

제 방 한쪽 벽면에는 할아버지가 그리신 그림이 걸려있어요. 할아버지는 한때 영화사를 경영하실 정도로 글과 영화를 좋아하셨대요. 그 모습을 닮아 저는 글을 쓰고 콘텐츠를 기획하는 일을 하게 되었고, 사람들에게 시화를 그려 선물하시던 할아버지의 따뜻함은 동생에게 이어져 동생은 사진 예술을 전공하게 되었습니다. 할아버지는 제가 아주 어릴 때 천국에 가셨지만, 아장아장 걷던 시절까지 빈틈없는 사랑을 보여주셔서인지 제게 아주 따뜻하고 포근한 감정으로 남아있습니다. 할아버지를 추억할수록 오래 함께 하지 못한 것에 대한 아쉬움이 크지만 천국에서 할아버지를 다시 만날 수 있다는 사실이 아쉬움과 슬픔을 위로합니다. 그래서 오랜 노력 끝에 할아버지를 결국 전도해낸 엄마 아빠에게 고마움을 느껴요. 할아버지는 평생 유교를 따르셔서 교회와 복음, 세례에 대해 완고하게 반대하셨다는데, 그런 할아버지를 어떻게 전도하셨는지 궁금했습니다.

아빠와 엄마는 결혼을 하고 근무하던 병원 옆에 조그만 아파트를 얻었어. 24평에 2400만 원짜리 전세 아파트였는데, 북향이라서 햇빛이 잘 들지 않아 비타민D 결핍에 곰팡이가 생기기 딱 좋은 집이었지. 당시 아빠는 레지던트 1년차여서 거의 집에 들어가지 못했고, 너희 엄마도 직장생활을 하면서 집안일도 해야 했기 때문에 무척 바쁘게 지냈단다.

4남매 중 첫째였던 엄마는 막내까지 분가시킨 시부모님이 외로우실 것 같다며 매일매일 시댁에 전화를 걸었어. 시댁 어르신에게 할 말도 없었을 텐데 1-2분 정도 지속되던 통화가 나중에는 10-20분이 되더구나. 날마다 저녁 일곱 시면 퇴근한 막내 며느리가 전화를 거니까 항상 일곱 시에 저녁식사를 하시던 할머니 할아버지가 식사시간을 30분 늦추기도 하셨어. 그 시간을 무척 즐거워하셨던 것 같아.

할아버지는 바쁜 막내 부부를 걱정하셔서 가끔 신혼집을 찾아오셨단다. 아빠도 엄마도 출근해 있을 시간에 집에 오셔서 환기를 시키고, 냉장고 상황에 맞게 달걀이나 소고기를 채워주시곤 하셨어. 아파트 관리비 고지서가 안 보여서 할아버지에게 물어보면 이미 관리비를 내주신 적도 많았단다. 할아버지가 막내 부부의 신혼집에 우렁각시를 자처하셨던 거야.

어느 날은 밤 11시경에 며칠 만에 집에 와보니 너희 엄마는 없고 냉장고에 쪽지가 하나 붙어 있었어.

"집에 다녀올게요. 침대 위 종이가방에 속옷 넣어두었어요."
쪽지를 보고 너희 외할머니에게 전화를 했지.

"어머니, 잘 지내셨어요? 아내 좀 바꿔주시겠어요?"

"자네 싸웠나…? 집에는 안 왔네."

엄마의 행방을 찾은 곳은 다름 아닌 아빠의 본가였어. 할아버지와 전화를 하는데 목소리에 감기 기운이 있어 보여서 유자차를 가지고 시댁에 찾아갔다고 하더구나. 엄마는 할아버지 할머니에게 최고의 며느리가 되어주었어. 평일에는 매일같이 전화로 안부를 묻고, 토요일이 되면 직접 국수를 말아드리거나 할아버지의 술잔을 채워드리기도 했지.

그런데 어느 날, 할아버지가 교회에 가야겠다고 하시더구나. 아빠는 깜짝 놀랐어. 그동안 할아버지를 전도하기 위해 했던 수많은 노력이 이제야 빛을 발하는 건가 싶어서 뿌듯하기도 했지. 교회에 다니면서 변화된 아빠와 할머니의 모습을 보며 할아버지도 느끼는 바가 많으셨나 보다고 생각한 거야.

하지만 할아버지가 교회에 가봐야겠다고 다짐하게 된 것은 엄마 때문이었단다.

"내가 너랑 네 엄마 하는 짓을 보면 절대 교회 안 나가야겠다고 생각했는데, 막내며느리가 원하는 것 같으니 몇 번 나가주려고 한다."

유교로 평생을 살아오신 할아버지가 아빠 결혼 2년 만에, 엄마의 모습을 보고 교회에 나가기 시작하신 거야. 나중에는 세례까지 받게 되셨단다. 할아버지가 복음을 받아들이시는 모습을 보고 결국 복음은 지식이나 논리로 전하는 것이 아님을 깊이 깨달아어. 오랜 시간이 걸릴지라도 그 상대를 마음 다해 섬기고, 예수님의 사랑을 삶에서 실천해 보이는 것이 완벽한 논리와 지식보다 더 강한 힘을 가지고 있다는 것을 알게 되었지.

사실 너희 엄마가 모든 게 완벽한 모습으로 할아버지와 할머니를 섬겼던 것은 아니야. 식재료의 양을 잘 가늠하지 못해서 짜장소스만 한 솥을 만들기도 했고, 만두피를 얇게 만들지 않아서 빵인지 만두인지 구별할 수 없는 음식을 만들기도 했거든. 밥을 하는데 냄비 바닥을 다 태운 3층 밥을 만들기도 했지.

하지만 실수투성이인 섬김을 통해서도 복음은 전달된단다. 아빠는 복음이 전해지는 과정에는 하나님께서 분명히 일하신다는 것을 알 수 있었어.

"콘텐츠보다 스피커가 더 중요하다"라는 말이 있어. 전하는 복음의 내용도 중요하지만 누가 어떤 모습으로 복음을 전하는가가 더 중요하다는 거야. 아빠가 전하는 복음의 내용이 틀리지 않았더라도 복음을 전하는 엄마의 방식, 즉 겸손한 섬김이 더 중요하게 느껴졌단다.

이후 할머니 할아버지 두 분 모두 암 투병을 하셨는데, 가까이에 살고 있는 너희 엄마는 매일 같이 집에 들러 병수발을 했어. 할아버지가 먼저 돌아가시고 할머니까지 쇠약해지시니 엄마는 할머니를 우리집으로 모셨단다.

할머니의 장례 후 고모가 엄마를 찾아왔어. 조그마한 상자에 금팔찌를 넣어서 말이야.

"막내야, 우리 엄마 잘 모셔주어서 고맙다. 앞으로 난 무슨 일이 있든지 네 편이다. 진석이랑 문제 생기면 언제든지 연락해라. 내가 찾아와서 등짝을 때려줄게."

그래서 아빠는 늘 엄마에게 미안하고 고마운 마음을 가지고 있어. 그리고 지혜롭고 현숙한 여인을 아내로 맞아 늘 감사하단다. 너희 엄마와 결혼한 이유가 무엇이냐고 묻는다면 할머니의 제안도, 아이를 잘 양육하는 모습도, 단순히 예뻐서도 이유가 되겠지만, 아빠는 엄마를 평생 사랑할 수 있을 것 같아서 결혼했고, 또 평생 사랑해 줄 것 같아서 결혼했어. 너희도 그런 사람을 찾아 행복한 결혼생활을 할 수 있길 바란다.

아빠는 하나님께 역설적인 면이 많다고 생각해. 왜냐면 하나님은 이 땅에서 성도들의 성공보다는 오히려 실패를 통하여 역사하시는 경우가 많기 때문이지. 아빠는 할아버지에게 완벽에 가까운 논리로 복음을 전했지만 집에서 쫓겨나는 것으로 끝이 났고, 할아버지는 주말마다 반복되는 막내 며느리의 실패한 요리를 통해 교회에 나오셨어. 아빠가 생각하는 '삶으로 보여주는 신앙'은 성공과 영광을 보여주는 것이 아니라, 오히려 실패하고 또 실패하지만 그럼에도 섬기고 매달리는 것이야. 지난주에 실패했어도 또 다른 식재료를 들고 와서 "아버님, 오늘은 이 요리 해보려구요"라며 사랑하는 것이라 생각한다. 너희 엄마가 그랬고 앞으로 너희도 그래야 한단다. 이미 요리를 잘하니까 실패가 없을까? 그렇다면 조금 아쉬운걸?

할아버지 할머니와 함께한 생애 첫 외출 사진

"아버님, 오늘은 이 요리 해보려구요"
그렇게 할아버지는 주말마다 반복되는
막내 며느리의 실패한 요리를 통해
교회에 나오셨어.

너의 뒤에는 항상
믿음의 응원팀이 있단다

대학교 입학 필기시험에 합격하고 면접을 보는 날, 저는 답변을 준비하고 혹여나 당황하는 일이 없도록 연습, 또 연습했습니다. 하지만 면접이 시작되고 자기소개를 마친 저에게 던져진 질문은 전혀 예상하지 못한 내용이었어요.

"자기소개서를 읽어보니 부모님께서 딸 사랑이 유별나신 것 같네요. 그런데 어떻게 열네 살 때부터 딸을 혼자 중국으로 보낼 생각을 하셨을까요? 대학까지 중국으로 지원할 때 반대는 없었나요? 부모님을 어떻게 설득했는지 궁금합니다."

중국에 간 첫날을 떠올리자 처음 하얼빈행 비행기를 탔던 열네 살의 제가 얼마나 어렸는지 새삼 느끼게 되었어요. 자타공인 '딸 바보' 아빠가 어린 딸의 뜻을 존중해 유학을 허락할 때는 어떤 마음이었을까요? 유학을 보낸 뒤의 마음 역시 궁금했어요.

To. 출국을 앞둔 큰딸 보인이에게

이러므로 우리에게 구름 같이 둘러싼 허다한 증인들이 있으니 모든 무거운 것과 얽매이기 쉬운 죄를 벗어 버리고 인내로써 우리 앞에 당한 경주를 하며 믿음의 주요 또 온전하게 하시는 이인 예수를 바라보자 그는 그 앞에 있는 기쁨을 위하여 십자가를 참으사 부끄러움을 개의치 아니하시더니 하나님 보좌 우편에 앉으셨느니라(히 12:1-2).

월드컵이나 야구 경기를 보면 선수들을 응원하기 위해 모인 사람들을 볼 수 있지. 보인이 역시 긴 경기를 하는 중에 있는데, 보인이도 차마 인지하지 못한 너만의 전용 응원팀이 있단다. 아벨 할아버지로 시작해서 어마어마하게 큰 배를 만드는 공학자로 이름을 날렸던 노아 할아버지, 진시황도 부러워하는 회춘의 아이콘 아브라함 할아버지와 사라 할머니, 지하수 개발의 일인자였던 이삭 할아버지와 씨름 세계에선 초대 천하장사로 알려졌던 야곱 할아버지, 낙하산 인사라는 불평을 잠재우고 나라와 민족을 구한 요셉, 바다에도 길이 있음을 보여준 모세 할아버지, 암벽 등반의 시작이 되었던 라합 할머니, 그리고 언제나 보인이를 지지하고 사랑할 우리 가족과 사랑에 눈먼 예수님까지… 앞으로 보인이의 삶과 경기를 응원해 줄 전용 응원팀이란다. 믿음의 선배들의 응원에 힘입어 가벼운 몸으로 경주에서 승리하거라. 많은 응원팀이 보인이를 위해 기도하고 지지하며 응원하고 있다는 것을 잊지 말고, 언제나 담대하거라.

유학 중인 보인이와 그 친구들에게 보내는 편지

보라 형제가 연합하여 동거함이 어찌 그리 선하고 아름다운고 머리에 있는 보배로운 기름이 수염 곧 아론의 수염에 흘러서 그의 옷깃까지 내림 같고 헐몬의 이슬이 시온의 산들에 내림 같도다 거기서 여호와께서 복을 명하셨나니 곧 영생이로다(시 113:1-3).

이스라엘은 사막처럼 비가 많지 않아 물이 부족한 나라입니다. 그런데 이런 건조한 지역도 거대한 폭포가 있어요. 참 특별한 일입니다. 보통 큰 규모의 폭포가 형성되려면 상류에 많은 비가 내리거나, 큰 호수나 빙하, 혹은 울창한 숲이 있어야 합니다. 하지만 이 폭포의 상류에는 그런 조건들이 전혀 없습니다. 연간 강수량도 약 1,500mm에 불과하고, 눈이 녹아 흘러드는 물의 양은 전체 수량의 4분의 1에도 미치지 못합니다.

그럼 이 많은 물은 어디에서 흘러왔을까요? 방금 읽은 시편 133편에 답이 나와 있습니다. 정답은 바로 이슬이에요. 광야의 뜨거운 공기가 산을 따라 상승하다가 갑자기 낮은 온도를 만나면 물안개가 형성되고, 이 물안개는 이슬이 되어 헐몬산과 시온까지 내려옵니다. 결국 이슬이 모여 아름다운 폭포가 되는 것이죠. 이슬이 모여 폭포를 이루고 생명의 근원이 된다니, 정말 놀라운 사실 아닌가요? 큰 은혜예요.

살아가다 보면 안타까운 삶을 사는 사람들을 보게 되는데 시편 137편에는 "우리가 바벨론의 여러 강변 거기에 앉아서 시온을 기억하며 울었도다"라는 내용이 나옵니다. 바벨론에게 나라가 망하고 포로로 잡혀간 이스라엘 사람들의 마음을 나타내고 있죠. 그들이 낮에는 힘들게 일하고 밤에는 강가에 앉아 고향 시온을 기억하며 눈물을 흘리고 있는데, 바벨론 사람들이 와서 잔치를 위한 노래와 악기 연주를 요구했습니다. 이때 마음이 어땠을까요? 자신의 재능을 오히려 한스러워하는 마음이 시편에 그대로 담겨있습니다. 여러분들의 삶에 이런 슬픈 일은 없으면 좋겠습니다.

우리는 방금 이슬이 모여 폭포를 이루는 기적 같은 삶과 포로로 잡혀 노예로 살아가는 삶, 두 가지의 삶을 보았어요. 왜 하나님은 두 모습의 삶을 모두 허락하셨을까요? 제가 생각하는 이유는 두 가지입니다. 첫 번째 답은 시편 132편에 있어요.

> 여호와께서 다윗에게 성실하게 맹세하셨으니 변하지 아니하실지라 이르시기를 네 몸의 소생을 네 왕위에 둘지라 네 자손이 내 언약과 그들에게 교훈하는 내 증거를 지킬진대 그들의 후손도 영원히 네 왕위에 앉으리라 하셨도다(시 132:11-12).

하나님께서는 약속하셨죠. 다윗이 예배를 회복하고 죄 사함을 회복하기 위해 하나님의 성궤를 찾았고, 그의 아들 솔로몬이 성전을 지었어요. 이처럼 예배를 회복하려고 성전을 지은 결과로 다윗의 후손들은 계속 왕으로 살게 돼요. 하지만 어느 날 나라가 망하고 그들은 바벨론에 잡혀가서 슬픈 노래를 부르게 되었습니다. 그 이유는 하나님의 언약과 교훈하는 증거(저는 이것을 성경이라 생각합니다)를 지키지 않았기 때문입니다. 즉 하나님께서는 우리를 왕처럼 살게 하고 싶어 하세요. 그러나 어떤 이들이 노예처럼 살아가는 이유는 참된 예배 없이, 참된 죄 사함 없이 성경을 모르고 살기 때문이에요. 저는 보인이가 중국에서 유학 생활을 시작했을 때 '공부한다고 예배를 소홀히 하지는 않을까?' 무척 염려했었습니다. 하지만 몇 개월 만에 다시 만나보니 쓸데없는 걱정이었다는 것을 알 수 있었어요. 귀한 선생님들의 가르침 아래 오히려 묵상도, 기도도 잘하고 지냈더군요. 만방학교의 모든 학생들도 이 세상의 노예가 아닌 왕 같은 제사장으로 살고 싶다면 예배와 하나님과의 약속, 성경통독, 묵상, 암송, 기도 등을 철저히 하길 바랍니다.

두 번째 답은 처음 읽었던 시편 133편 1절에 나와 있어요. 형제가 연합하여 동거하면 이슬이 모여 폭포가 되고 강이 되는 은혜를 누리는 복된 삶을 살 수 있습니다. 저는 지금 이 자리에 제 친구들과 함께 왔는데, 이 친구들은 열아홉 살 때부터 함께 공부하고 교제하며 자란 친구들입니다. 어려서 성경도 잘 모르고 허물도 많고 죄도 많을 때 친구들과 서로 도와가며 함께 자라왔어요. 그 덕에 제가 무사히 의대를 마치고 의사가 되었다고 생각합니다. 시간이 지나자 이제 다른 의사들을 가르치는 수준에까지 오르기도 했어요. 어렸을 때는 친구들의 도움을 받았고, 이젠 친구들을 도울 수 있는 자리에 서게 해주신 하나님께 참 감사합니다. 제가 연약할 때 좋은 믿음의 친구들을 보내주셨으니까요.

만방학교 친구들, 이젠 앉은 자리에서 주변 친구들을 돌아볼까요? 혹시 공부 좀 못하고, 사고 치고, 생활 규칙도 어기고, 투정 부리면서 오히려 나를 힘들게 하는 친구들이 보이나요? 어른이 된 제 눈에는 여러분이 평생을 함께하다 천국에서까지 함께힐 동역지 들과 앉아있는 것으로 보입니다. 함께 한 기숙사에 있으니 자연히 형제 자매들끼리 동거하고 연합하고 있는 것이죠.

나중엔 여러분이 우리나라와 열방을 섬기고 이끌어갈 크리스천 리더가 될 거라고 생각해요. 그리고 마지막 때에 하나님 나라를 확장시킬 사명자들이 될 것이라고 생각합니다. 여러분 부모님들은 모두 그런 미래를 꿈꾸며 기도하고 있어요. 사랑하는 가족을 떠나 먼 타국에서 지내는 것이 쉽지 않고 당장은 멋진 미래를 생각하기 힘들 수도 있지만, 매화 꽃봉오리를 한번 생각해 보세요. 지금은 연약하게 느껴질지라도 분명히 지금의 시간은 지나가고 결국 아름다운 꽃이 피어날 거예요. 여러분도

피었다가 어느새 지고 마는 이 세상의 꽃이 아니라 천국에서까지 영원할 향기로운 꽃으로 피어날 것이라고 확신합니다.

보인이 동생 예주가 점프하는 사진이 있는데요. 아빠인 저는 그 사진을 찍을 당시 예주의 표정 하나하나를 마음에 담고 있어요. 여러분이 걷고 뛰고 공부하고 기도하고 울고 힘들어하고 있는 것 하나하나를 하나님께서도 눈동자처럼 지켜보고 계시고, 위로해 주실 것입니다. 아빠가 아이의 표정 하나까지 기억하고 아이를 위해 기도하는 것처럼 말이죠.

말씀을 모르고, 예배를 모르고, 기도하지 않으면 바벨론 물가에서 울었던 이스라엘처럼 노예와 같은 인생을 살게 됩니다. 그러니 여러분이 꼭 아침마다 묵상으로 하루를 시작하고, 전심으로 기도하며 예배하기를 바랍니다. 이슬이 모여 폭포를 이루는 삶은 이곳 만방학교에서 형제가 연합하고 동거하는 삶을 살다 보면 가능해질 것이라고 생각합니다. 성경을 통해 보여주신 하나님의 약속을 따라 나중엔 하나님의 손길 안에서 꽃처럼 아름답게 피어나길, 여러분들의 모든 엄마 아빠들이 기도합니다.

Part 2.
하나님을 바로 알기

"아빠와 친구들이 열심히 성경과 교리를 공부한 이유가 무엇이었을까? 하나님을 알지 못하면 우리의 본성에 따라 필히 죄를 향하여 달려가고 결국 망하게 될 것을 알고 있기 때문이야. 지금까지도 다름과 틀림에 대한 고민은 계속되고 있단다."

다름과 틀림:
의사인 아빠가
신학책을 열심히 읽는 이유

아빠는 어떤 것에 꽂히면 책부터 사서 공부를 하시곤 합니다. 어렸을 때부터 아빠의 관심사에 따라 책이 한가득 쌓여가는 것을 자연스럽게 보고 자랐습니다. 바둑, 카메라, 명화 작품… 대부분 저에게도 흥미로운 것들이라 저는 아빠가 읽고 난 책들을 구경하는 것을 즐겼어요.

그런데 어느 날부터인가 우리 집에 두껍고 재미없는 신학책들이 쌓여가는 겁니다. 들추어보면 무슨 말인지 이해도 안 가는 원서들과 딱딱하고 어렵게 느껴지는 책들이었어요. 주변에서는 "이러다 최 원장님 병원 그만두고 신대원에 들어가는 거 아니에요?"라는 말을 들을 정도였습니다. 의사가 왜 그렇게까지 신학에 진심인 건지, 아빠의 신학 공부가 궁금했습니다.

엄마와 아빠는 대학생 때 교회의 주일학교 교사로 학생들을 가르쳤어. 그때 만난 한 학생은 총신대학교를 졸업하고 전도사님이 되었단다. 대학 졸업 후에도 그 학생은 계속 아빠를 찾아와 교제를 이어갔지. 그런데 어느 날은 「벨직 신앙고백서」를 주고 가고, 어느 날은 직접 번역한 「도르트 신조」를 주고 가고, 자꾸만 우리가 함께 살아온 신앙과는 어울리지 않는 말을 하더구나. 그래서 어느 날 아빠가 단도직입적으로 물었어.

　"전도사님, 제가 가는 길이 다름이라고 생각하세요? 틀림이라고 생각하세요?"

　한동안 말을 돌리던 전도사님은 이렇게 대답했어.

　"형님과 누님은 제가 정말 아끼고 사랑하는 분들이에요. 그래서 하는 말인데요. 전 '틀림'이라고 생각합니다."

　이 대화를 마지막으로 전도사님은 성경을 더 공부한다며 화란으로 떠났단다. 틀림이라니… 잘못된 길이라니… 「벨직 신앙고백서」와 「도르트 신조」를 다시 읽어보고 고민해 봤지만, 전도사님이 말하는 틀림이 어떤 부분인지 잘 모르겠더구나. 몇 날 며칠 고민을 하다 의과대학을 함께 졸업한 한 친구가 청교도 서적에 심취해 있던 기억이 떠올라 곧장 연락을 했어. 당시 노화도라는 섬에서 조그마한 의원을 하고 있던 친구였는데 본인이 공부했던 책들을 빌려주기 시작했지. 친구가 빌려준 책을 하나씩 읽어가다 제임스 뷰케넌(James Buchanan)의 『칭의교리의 진수』까지 읽었을 때, 무엇이 다름이고 무엇이 틀림인지 조금 알 것 같기도 했단다. 그렇게 아빠의 신학 서적 공부가 시작되었어. 그리고 신학 서적 공부에 대한 필요성을 느낀 친구들이 연락을 주고받다가 의사 네 명과 그 짝꿍들까지 여덟 명이 모이게 되었단다.

처음에는 마틴 로이드 존스(David Martyn Lloyd-Jones) 목사님의 '교리 강좌 시리즈'를 읽고 나누는 방식으로 매주 모여서 독서 토론을 했어. 하지만 1년이 지나자 아빠와 친구들의 신앙은 더욱 더 미궁으로 빠져들었어. 그래서 우리는 제대로 된 신학 서적 공부를 도와주실 목사님을 모시기로 했지. 당시 성경 공부를 위해 모인 네 가정은 각자 다른 교단에 속해 있었는데, 우리가 알지 못하는 교단의 목사님을 만나 다른 교단의 이야기를 들어보는 것이 좋겠다고 의견이 모아졌어. 1년에 한 분씩 고신, 합신, 대신, 개혁 교단의 목사님들을 모시기로 하고, 첫해에는 고신의 이운연 목사님께서 사도신경을 가르쳐 주셨단다. 매주 목요일 저녁 두세 시간씩 10회에 걸쳐 사도신경만 배웠지. 그다음 해에는 『개혁주의 언약사상』이라는 책을 쓴 합신의 문정식 목사님께서 언약과 구속에 대한 것들을 알려주셨어. 일면식도 없는 사람들이 무례하게 연락을 드려 가르침을 요청했는데도 목사님들은 복음을 듣고자 하는 이들이 모였으니 가겠다며 거리나 모인 숫자와 관계없이 오셔서 많은 가르침을 주셨단다.

아빠와 친구들이 열심히 성경과 교리를 공부한 이유가 무엇이었을까? 하나님을 알지 못하면 우리의 본성에 따라 필히 죄를 향하여 달려가고 결국 망하게 될 것을 알고 있기 때문이야. 지금까지도 다름과 틀림에 대한 고민은 계속되고 있단다.

성도가 신학과 교리를 공부해야 하는 이유

인생은 왜 하나님을 모르면 망하게 될까? 지식이 없어서? 감동이 없어서? 아니면 알면서도 행할 의지가 없어서일까?

아빠는 '지(知), 정(情), 의(意)' 즉 '앎'과 '느낌'과 '의지' 이 세 가지 가운데 순서가 있다고 생각해. 그리고 성경, 특히 호세아 4장 6절에서 "내 백성이 지식이 없으므로 망하는도다"라고 하신 걸 보면, 가장 먼저 필요한 건 '앎', 곧 하나님에 대한 지식이라고 믿고 있어.

신앙은 단순히 어떤 감정이나 열정에서 시작되는 게 아니란다. 우리가 흔히 "믿습니다" 혹은 "믿고 싶어요"라고 고백할 수는 있지만, 그 고백이 힘을 가지려면 먼저 하나님이 누구신지, 어떤 일을 하셨는지, 무엇을 뜻하셨고, 앞으로 무엇을 이루실 분이신지에 대해 올바르게 알아야 해. 그리고, 그걸 알려면 신학과 교리를 배워야 한단다. 이걸 모른 채 단지 감정이나 의지만으로 신앙을 지키고 인생을 살아간다는 건, 아빠가 보기엔 불가능해.

진리를 아는 것이 신앙의 출발점이란다. 그 위에 감정과 의지가 따라와야 비로소 바른 믿음이 자라고, 흔들리지 않는 삶을 살 수 있을 거야.

하나님은 어떤 분이실까?

부모는 자식을 낳고 키우면서 하나님의 마음을 조금이나마 이해하게 된다고 합니다. 아직 자녀를 키워본 경험이 없어서 그 경이로운 사랑을 다 알지 못하지만, 저에게는 하나님의 사랑을 느끼는 또 다른 방법이 있습니다. 매일 아침 묵상글을 보내는 아빠와 매일 아빠의 건강 도시락을 싸는 엄마를 보며 하나님의 성실하신 사랑을 이해하고, 상황에 따라 새로운 묵상글과 조언들로 두 딸을 보호하는 부모님의 모습을 통해 하나님의 창조적인 사랑을 이해하게 돼요. 또 태어난 순간부터 지금까지 '보인되게 해주세요'라는 기도 제목으로 중보해 주시는 모습을 통해 하나님의 변함 없으신 사랑을 바라봅니다. 그래서 하나님을 아버지라 부를 때, 더 큰 감동과 울림을 갖게 되는 것 같아요.

하나님은 어떤 분이실까? 너희가 유학 중에 방학을 맞아 잠시 집에 올 때, 엄마와 아빠는 집을 깨끗하게 청소하고 화병에 꽃을 꽂았어. 냉장고를 가득 채우고 침구를 세탁해서 포근한 잠자리를 마련했단다. 또 방학 중에 너희와 함께 공부할 소요리문답과 하이델베르크 신앙고백, 종교개혁사를 정리했지. 하나님도 우리를 창조하시기 전 온 세상을 꾸미시고 살기 좋은 환경을 준비하셨어. 우리가 마음껏 누리며 살아갈 수 있도록 하셨단다. 그래서 아빠는 하나님을 창조주이자 '주시는 분'이라고 생각해.

또 하나님은 에베소서 1장 말씀처럼 만세 전에 모든 것을 예정하신 분이시고, 로마서 8장 말씀처럼 예정한 인생들을 때가 되면 부르시는 분이야. 그리고 결국에는 우리를 천국 백성답게 영화롭게 하셔서 영광의 찬송이 되게 하신단다. 온전히 성화가 이뤄지지 않아 여전히 이 땅에서 넘어지고 또 넘어지는 성도들을 귀하게 여겨주시니 우리는 늘 감사하며 살아가야 하지.

또 다른 측면에서 하나님이 어떤 분이신지를 알려면 무속신앙과 기독교의 차이점에 대해 알아야 한단다. 할머니 시대에는 어머니들이 새벽에 장독대에 정화수를 떠 놓고 열심히 비는 모습을 종종 볼 수 있었어. 할머니들은 매번 "천지신명께 비나이다" 하면서 소원을 빌었는데, 그건 천지에 있는 어떤 신이라도 내 소원을 듣는다면 이루어지게 해달라는 뜻이더구나. 할머니들은 하늘에도 땅에도, 달이나 별, 바다, 나무, 혹은 큰 바위에도 신이 있다고 믿었는데, 어떤 신이든 상관없이 내 소원을 듣는 누구든 자신의 지극한 정성을 봐주기를 바랐어. 신을 감동시키기 위해서라면 추운 겨울날 새벽에도 찬물로 목욕하고 얇은 소복만 입고 밖에 나가 빌며 자신의 정성을 표현하셨지.

이때의 신은 마치 자판기와 같다고 볼 수 있어. 500원에 커피를 내어주는 자판기라면 100원을 넣어도, 200원을 넣어도 커피는 나오지 않고 꼭 500원을 채워야 커피를 마실 수 있는 것이잖아. 천지신명에게 어떤 소원을 빌 때도 신이 감동하기 위해 요구하는 일정한 분량이 있고, 사람은 그 분량이 어느 정도인지 알지 못한 채 소원이 이루어질 때까지 고행을 계속해야 하는 거야. 이럴 때 신과 인간의 관계는 매우 비인격적인 것이 될 수밖에 없지. 그리고 사람은 스스로가 신에게 보인 정성에 집중하면서 자기중심적인 신앙을 가지게 되고 말아.

많은 사람이 신을 이렇게 자판기나 '알라딘 이야기'에 나오는 램프의 요정 지니 같은 존재로 인식하고 있어. 그렇다면 우리 하나님은 어떨까? 하나님은 말씀하시는 분이란다. 창세기 1장에 보면 하나님은 말씀으로 온 우주를 창조하셨어. 아담과 하와가 선악과를 따먹었을 때도 그들을 찾아오셔서 말씀하셨지. 계속해서 우리는 말씀하시는 하나님을 볼 수 있어. 그 모습을 통해 성경은 하나님이 인격적인 분이라는 것을 보여주고 있단다. 우리는 길가의 돌이나 나무에게 말을 걸지 않아. 인격을 지닌 사람과 대화를 나누고 그를 인격적으로 대하는 것이 상식이지. 하나님께서도 우리에게 말씀하시고, 우리를 소나 돼지를 몰듯이가 아니라 인격적으로 대해 주신단다. 심지어 아담이 하나님의 말씀을 버리고 선악과를 따먹을 때조차 그렇게 대해 주신 거야.

그런데 하나님은 단지 인격적으로 대하시는 것을 넘어서 우리를 그분의 자녀로 삼아 주셨어. 그래서 우리는 하나님을 아버지라 부를 수 있게 됐어. 또 교회에 속한 우리는 하나님의 신부가 되어서 하나님과 신랑 신부의 관계가 되기도 하고, 시편 23편에 나오는 목자와 양의 관계가 되기도 하지. 아버지와 자녀, 신랑과 신부, 목자와 양의 관계는 모두 사랑과 헌신, 생명의 나눔과 돌봄 등이 전제된 인격적인 관계라는 공통점이 있어.

너희가 유치원생일 때 엄마는 병원 일로 바쁜 아빠와 딸들의 관계가 소원해질까 봐 가끔 단둘이 데이트할 수 있는 시간을 만들었어. 아빠와 데이트를 하는 날에는 엄마가 평소에 잘 사주지 않는 햄버거나 피자도 사주고, 문방구에서 가지고 싶었던 물건들을 고르기로 했지. 특히 예주는 언니도, 엄마도 없이 아빠를 독차지할 수 있는 데이트 시간을 손꼽아 기다리던 기억이 나는구나. 데이트 뒤에 너희들에게 남은 건 조잡한 학용품과 악세사리가 아니었어. 아빠와 단둘이 보낸 그 시간을 통해 아빠와의 친밀감이 더 돈독해지고, 너희 마음에는 아빠와의 끈끈한 유대감과 행복함이 남았던 거야.

하나님과 나의 관계 역시 마찬가지란다. 하나님과 부모자녀 관계가 형성되었다는 것은 아빠이신 하나님과 함께 누리고, 함께 즐거워하며 기쁨과 행복이 충만한 삶을 살게 된다는 것이지. 하나님과의 이런 관계를 잘 이해하지 못하고, 인격적이신 하나님을 모르면 우리의 신앙생활은 방향성을 잃게 된단다.

무속신앙은 사람이 신을 감동시키기 위해 계속해서 정성을 보여야 하지만, 기독교는 그 반대야. 하나님이 우리를 위해 인간이 되시고(성육신) 십자가에서 죽어주셨지. 교회 안에 있으면 십일조, 일천 번째 작정기도나 금식기도, 엄격한 주일성수 등 다양하고 고귀한 종교적 행위의 모습을 볼 수 있단다. 사실 이 모든 것은 하나님이 주신 은혜로 가능해. 그러나 예를 들어 십일조를 하는 성도의 마음은 각기 다를 수 있어. 십일조를 하면서 하나님을 자판기 같은 비인격적인 신으로 생각한다면 그건 매우 옳지 않단다. 일천 번째 작정기도를 하면서 천지신명에게 정화수를 떠 바치는 마음으로 해선 안 돼. 행위 자체는 종교적이고 신앙적으로 보일지라도 그건 아주 잘못된 신앙생활을 하는 거란다. 인격적이신 하나님이심을 반드시 기억하고, 우리가 하나님의 자녀 된 존재임을 꼭 기억하렴. 살아가는 날 동안 잠시도 하나님을 오해하지 않기를 바란다.

어렸을 때 아빠와의 데이트는 아주 행복한 추억이에요

기도가 어렵다면
"우짤까요"라고 시작해보자

아빠와 친구분들은 종종 이상한 줄임말을 만들어 사용하곤 합니다. 아빠가 말하는 '엄개'와 '따개'도 그중 하나인데 '엄격한 개혁신앙' 혹은 '엄밀한 개혁신앙'과 '따뜻한 개혁신앙'의 줄임말이에요. 고등학교 1학년, 부모님을 통해 처음 개혁주의 신학과 청교도 신학을 접하고서 저는 낯설다는 표현으로는 부족한 무척 당혹스러운 감정을 느꼈어요. 스스로를 꽤나 괜찮은 신앙인으로 생각하던 자부심이 깨지고, 모태신앙으로 자라며 열심히 가꿔온 신앙생활 전체를 부정당하는 것 같은 순간이었거든요. 혼란스러워하는 저에게 엄마 아빠는 여러 가지 방법으로 배움의 환경을 마련해 주셨어요. 첫 방학에는 촘촘하게 계획표를 짜서 온 가족이 함께 책을 읽고 질문하는 하는 시간을 가졌고,

그다음 방학부터는 책과 영상을 통해, 또 여러 목사님들과 교수님들을 초청하여 가족 수련회에서 눈높이에 맞는 교리 공부를 할 수 있었습니다. 사도신경부터 주기도문, 십계명에 대한 개념을 다시 정리했고, 소요리문답과 대요리문답을 시작으로 교회사, 조직신학 등 낯설고 어려운 공부였지만 차근차근 배워 나갔습니다. 아빠와 성경을 처음부터 다시 읽어가면서 저 역시 '엄개'의 시간을 보내기도 했어요.

그중 가장 머릿속을 복잡하게 한 것은 기도하는 방법이였습니다. '지판기 같은 기도를 하지 말라', '일천 번째 작정기도는 성경적이지 않다'라는 설교를 듣고 나니, 평생 내 멋대로 마음 편하게 해온 기도가 이제는 너무 어려운 일이 돼버린 것입니다. 아빠의 조언, 목사님과의 상담, 기도에 대한 묵상까지 오랜 고민 끝에 저는 문제를 단번에 해결할 수 있는 열쇠를 찾게 됐어요.

그것은 바로 우리의 '존재 됨'이었습니다. 하나님을 아버지라 부를 수 있는 우리는 하나님과의 대화에서 너무 많은 것을 재고 따질 필요가 없는 것이었어요. 우리에게 언제나 최고를 주시는 하나님을 신뢰하고, 사람의 짧은 생각으로 정의된 '좋은 것'을 채워달라고 떼쓰지 않도록 주의하면 되는 것이었습니다. 다만 계절에 맞지 않는 옷을 입고 나가겠다고 고집부리는 아이처럼 굴지 않아야 한다는 것도 알았죠. 물론 그걸 알게 되었다고 해서 곧바로 기도가 술술 나오지는 않았어요. 하지만 전보다 한결 편안해진 마음으로 하나님 앞에 이런저런 이야기를 털어놓게 되었습니다.

아빠에게 최고의 기도는 "어찌할까요?"라고 할 수 있어. 예전에 아빠가 올린 묵상글로 설명하고 싶구나.

당시 대학생인 보인이는 전화를 자주 했지만 고등학생인 둘째 예주는 학교 규정상 휴대폰 소지가 불가능했어. 둘째가 전화할 때는 아플 때나 큰 결정을 해야 할 때였지. 또 예주는 엄살이 없고 당찬 성격이라 전화로 아프다는 이야기를 하면 그땐 크게 아픈 것이었다. 그런데 예주에게서 전화가 온 거야. 어디가 아픈 건 아닌지, 최근 고민이 많아 스트레스가 심했던 것은 아니었는지 걱정이 되었단다.

"잘 지내니? 아픈 곳은 없고?"
"아빠, 제가요, 말씀을 보고 기도하면서 잘 살아보려고 하는데 매일매일 실패해요. 아침 묵상하면서 마음먹은 대로 하루가 살아지지 않아요……."

이런 예주의 고민은 아빠를 기쁘게 했어. 유학으로 부모와 멀리 떨어져 지낼 때도 스스로의 신앙을 챙기고 잘 성장하고 있다는 것을 알 수 있었기 때문이야. 딸아이에게 "나이 오십이 넘은 아빠도 아침마다 묵상하고 기도로 하루를 시작하지만 점심을 먹기도 전에 대부분 실패한다"고 말해 주었다. 그리고 아빠가 매일 하는 기도에 대해 알려주었어.

아빠는 강렬한 전라도 사투리로 "우짤까요?"라고 기도하고 있다만, 그 기도는 바로 "어찌할까요?"란다. 예수님을 십자가에 못 박으라고 외친 무리들이 베드로의 복음을 듣고 자신들의 죄를 인지하고서 외친 탄식이 "어찌할까요?"였어. 아빠도 날마다 완벽한 삶에 실패하고 죄 중에 살아가기에 날마다 "어찌할까요?" 하며 기도해. 성경을 겉핥기식으로 읽었던 젊은 시절에는 성경대로 살 수 있을 것 같았지. 율법의 본의를 알지 못했을 때는 내가 우상숭배도, 도둑질도, 간음도 하지 않으며 살고 있다고 생각했어. 하지만 율법의 본의를 알고 나니 나 자신이 날마다 모든 십계명을 어기는 죄인임을 알게 되었단다. 그러니 '어찌할까요?' 하며 불쌍히 여겨달라고 기도할 수밖에…….

아빠는 예주에게 물었어.

"'하나님 어찌할까요? 불쌍히 여겨주세요'라고 기도하는 사람은 어떤 사람일까? 누가 죄 중에도 하나님을 아버지라고 부르면서 기도할 수 있을지 생각해 볼래?"

"하나님의 자녀만이 그렇게 기도할 수 있어요."

예주의 대답에 아빠는 만세 전에 택함을 받아 예정된 인생들만이 그렇게 기도한다는 것을 다시 한번 이야기해 주었어. 매일 스스로의 죄 된 모습에 마음 아파하고 하나님께 죄송스러운 마음 때문에 낙담하게 되는 것, 그 자체가 하나님의 백성이라는 확실한 증거라는 것을 일러주었다. 이런 마음을 가진 자를 보고 하나님은 기뻐하시겠지.

성도는 자신의 죄 된 모습에 낙담하며 다시금 십자가를 바라보게 돼. 하나님께서 우리에게 원하시는 믿음은 우리가 엄청난 성공을 거둬 영광 돌리는 것보다, 우리가 죄 중에 실패하는 인생임을 알고 십자가만을 의지하는 거야. 사실 아빠는 예주가 가졌던 고민을 어른이 되어서야 겨우 느꼈단다. 아빠보다 20년은 더 빨리 이런 고민을 하고 있는 막내를 보니 너무나 기쁜 마음이었지. 딸아이의 고민을 가지고 함께 기도하겠지만, 예주가 "어찌할까요?"의 마음까지 도달할 수 있도록 하신 하나님께 감사의 기도도 함께 하게 될 것 같구나.

성경에서 한 구절만 기억할 수 있다면 '황금 사슬'을 기억하렴

어린 시절, 저와 동생에게는 몇 가지 용돈을 받는 방법이 있었습니다. '신발장 정리 500원, 설거지 500원' 등이었어요. 엄마가 성경구절 암송으로 용돈을 받는 새로운 조건을 내걸었을 때, 아빠는 저희에게 로마서 8장을 권해 주셨어요. 아빠에게 특별한 의미가 있는 암송 구절이었습니다. 저는 성경에서 꼭 기억해야 말씀 한 구절이 있다면 무엇일지 궁금해졌어요.

엄마와 아빠가 친구들과 '다름과 틀림'에 대해 고민하며 마음을 모을 때, 문정식 목사님께 배운 것 중 가장 중요한 것이 바로 '황금 사슬'이었어. 성경 66권 중에 딱 한 권만 고르라면 로

마서를 고를 수 있고, 로마서 중에 딱 한 장만 고르라고 한다면 로마서 8장을 고를 수 있다고 생각해. 특히 26절부터는 아빠가 대학생부터 쭉 암송해왔던 구절이란다. 군대에 훈련을 받으러 갔을 때는 이 구절을 코팅해서 주머니에 넣어 가기도 했지.

> 우리가 알거니와 하나님을 사랑하는 자 곧 그의 뜻대로 부르심을 입은 자들에게는 모든 것이 합력하여 선을 이루느니라 하나님이 미리 아신 자들을 또한 그 아들의 형상을 본받게 하기 위하여 미리 정하셨으니 이는 그로 많은 형제 중에서 맏아들이 되게 하려 하심이니라 또 미리 정하신 그들을 또한 부르시고 부르신 그들을 또한 의롭다 하시고 의롭다 하신 그들을 또한 영화롭게 하셨느니라(롬 8:28-30).

청교도 신학자였던 윌리엄 퍼킨스(William Perkins)는 이 로마서 구절을 '골든 체인', 곧 황금 사슬이라고 말했어. 황금 사슬에는 '예정(택함)-부르심(효과적인 부르심)-칭의-영화'로 이어지는 구원의 서정이 드러나는데, 이 여정은 오직 하나님의 사랑과 은혜로만 이루어져 있단다. 인간의 힘이나 노력, 공로나 선행, 결단이나 의지, 헌신 등은 전혀 포함되어 있지 않다는 말이지. 그렇기 때문에 황금 사슬이 말하는 구원에 대해 우리에게는 자랑할 것이 전혀 없는 거야. 우리가 할 수 있는 건 그저 감격하고 감사하는 일 뿐이지. 또한 타인에 대하여 비난할 수도 없어. 가까운 지인이나 형제라도 그저 안타까움으로 권면하고 기도할 수밖에. 성경에는 황금 사슬로 불리는 하나님 아버지의 다섯 가지 모습이 다음과 같이 기록되어 있단다.

　첫째, 하나님께서 우리를 사랑하셨다.
　둘째, 하나님께서 우리를 예정하셨다.
　셋째, 하나님께서 우리를 부르셨다.
　넷째, 하나님께서 우리를 의롭게 하셨다.
　다섯째, 하나님께서 우리를 영화롭게 하셨다.

　황금 사슬의 주도권은 하늘 아버지께 귀속된다고 말할 수 있어. 이 황금 사슬로 우리를 부르신 목적은 우리의 유익을 위함이란다. 구원의 서정에 있어 하나님은 능동적이시고 우리는 수동적이기 때문에 황금 사슬은 하늘 주권적이라고 할 수 있지. 우리는 죄인이자 거역하는 자로서 황금 사슬의 은혜를 누릴 자격이 전혀 없는데 결국 이것은 자격 없는 자에게 베푸신 하나님의 은혜, '오직 은혜'라는 것을 꼭 기억하렴.

아빠는 종말이
오히려 기다려지기도 해

초등학교 저학년, 한 집에서 함께 살던 친할머니가 돌아가셨을 때 저는 처음으로 죽음에 대해 생각하게 되었어요. 슬퍼하는 저희 가족들에게 천국에서 할머니를 다시 만날 것을 기대하라며 위로해 주시는 많은 분들을 보며, 교회학교에서 말로만 듣던 천국과 지옥이 가깝게 느껴졌습니다.

장례식을 마치고 집에 돌아와 알 수 없는 불안함과 슬픔으로 엉엉 울면서 아빠를 찾아갔어요. "죽음이 너무너무 무서우면 어떡해요?" 다시 만나지 못할 것만 같은 할머니와의 이별, 이 땅에서의 삶을 마치고 펼쳐질 미지의 세계를 생각하면 무척 혼란스럽고 무서웠습니다.

우리는 종말을 두려워할 필요가 없단다. 아빠는 오히려 그날이 기다려지기도 해. 매일 아침 엄마는 아침 밥상을 준비하고 아빠를 깨우지. 결혼 후 20년 동안 반복되는 일상이란다. 아빠는 잠자리에서 일어나면 조용히 감사의 제목을 읊조리곤 해.

"오늘 하루의 호흡을 허락하신 하나님께 감사합니다. 일용할 양식을 주심도 감사합니다. 가정을 주심에 감사하고, 일할 수 있는 몸과 직장을 주심에 감사합니다."

이런 풍요롭고 평안한 아빠의 일상이 매일 반복되고 있지만, 언젠가는 조금 다른 날이 올 거라는 것을 알고 있어. 그런데 그날은 아빠에게 두려움이 아니라 기대감으로 다가온단다. 누구나 한 번은 맞이하는 그날은 누군가에게는 공포와 두려움이 되겠지만, 하나님의 자녀인 우리에게는 가슴 벅찬 위로와 환희, 말할 수 없는 영광스러움으로 가득한 날이 될 거야.

어느 날 눈을 떴을 때,
아내 대신 제 앞에 주님이 계실 것입니다.
어느 날 눈을 떴을 때,
익숙한 안방 대신 신비하고 영화로운 세계가 펼쳐져 있을 것입니다.

어느 날 눈을 떴을 때,

새벽빛 대신 저의 눈에 영광의 광채가 가득 들어올 것입니다.

어느 날 눈을 떴을 때,

사랑하는 이들 대신 믿음의 선진들이 계실지도 모르겠습니다.

어느 날 눈을 떴을 때,

수많은 흰 옷 입은 무리가 부르는 찬양소리가 들릴 것입니다.

어느 날 눈을 떴을 때…….

사람은 스스로 이 세상을 떠날 정확한 날짜를 알고 살아갈 수는 없지만, 아빠는 언젠가 반드시 찾아올 죽음을 생각하고 미리 준비해 두었단다. 아빠의 마지막 말은 뭘까? 아마 여호수아의 고백과 비슷하겠지(수 23:1–16).

"살아보니 인생은 정말 복되고 아름다우며, 하나님께서 주신 말씀과 언약을 친히 이루셨습니다. 인생은 그 하나님을 바라며, 가까이하며, 사랑하며, 얼굴과 얼굴로 뵈올 날을 기대하는 것입니다. 그 인생이 복되고 영광스러운 인생입니다."

어느 날 아빠가 먼저 천국으로 가게 된다면 장례식장을 찾아주신 분들에게 아래 내용을 전해 주었으면 하는구나. 아빠 메일에 영상을 만들어서 비공개로 저장해두었으니, 때가 되면 찾아봐 주길 바란다.

"저의 죽음으로 인하여 가족 친지, 지인들의 얼굴에 근심이 가득한 것은 아닌지 모르겠습니다. 그러나 저의 삶과 믿음, 천국행으로 인하여 오히려 여러분에게 유익과 기쁨의 시간이 되었으면 좋겠습니다. 부디 남은 시간 동안 더욱 하나님을 경배하고, 이웃을 사랑하셨으면 좋겠습니다. 그리고 천-천히, 아주 천--천히 따라오셔요. 저는 먼저 주님 품으로 갑니다.
멀리서 찾아와 주셔서 감사합니다."

할머니와 함께한 행복했던 시간들

"저는 먼저 주님 품으로 갑니다.
천천히, 아주 천천히 따라오셔요."

Part 3.
그리스도인으로 살아가는 삶

"결국 주님이 가르쳐 주신 기도는 우리 자신이 원하는 삶, 자신의 욕망을 실현하기 위한 기도가 아니라 오히려 하나님의 뜻이 나 자신의 삶에 이루어지기를 구하는 기도인 거야. … 이렇게 기도하고 삶에 적용하면서 믿음을 실천하는 사람은 어떤 상황에서건 '믿는 자에게는 능치 못할 일이 없다'라는 고백을 하며 살게 된단다."

어떠한 상황에서도
너의 '행위'보다 '존재'가 먼저야

저는 규율이 아주 엄격한 중국 사립학교를 다녔습니다. 화장 금지, 휴대전화 사용 금지, 연애 금지 등 모든 학생이 빽빽한 규칙이 적힌 종이를 가지고 있었고, 실제로 규칙을 지키지 않으면 엄중하게 처벌 받았어요. 또한 기숙학교 특성상 좁은 공간에서 여러 사람들과 부대끼며 살아야 했기 때문에 인간관계 문제 역시 정말 큰 돌덩이처럼 제 어깨를 짓누르고 있었어요. 겁이 많고 갈등 상황을 잘 견디지 못하는 성향을 가진 저는 학교 규칙을 잘 지키고, 선배와 친구들에게 무조건 잘 보이는 것이 제가 살아남을 수 있는 유일한 방법이라고 생각했어요. 누구에게나 친절한 사람이 되고, 선생님 말씀을 잘 듣는 아이가 되어야만 사랑받고 보호받을 수 있다는 믿음이 생겼던 것 같습니다. 그렇게 보여지는 부분에 예민하게 반응하며 날카롭게 살아간 결과 저는 주변에서 착하고 바른 사람이라는 평가를 받을 수 있었고, 그 모습은 신앙생활에도 고스란히 이어졌어요. 말씀대로 순종하면 복을 받는다는 생각과 그렇지 못하면 벌을 받는다는 생각이 뿌리 깊게 박혔던 것 같아요. 그래서인지 저는 늘 조심스러웠습니다. '내가 뭘 놓쳤나?', '혹시 어딘가 부족하지 않았을까?', '이 사람이, 혹은 하나님이 나에게 실망하고 계신 건 아닐까?' 하는 생각들이 저를 붙잡고 있어서 늘 마음이 즐겁지 않았습니다.

그러던 어느 날, 한 선생님이 이야기를 나누자고 하셨어요. 선생님은 제 속을 훤히 들여다보고 계셨습니다. '착한 아이 콤플렉스'에 대해 설명해 주셨고, 거절할 용기와 미움받을 용기를 가질 수 있도록 저를 지도해 주셨습니다. 또 규칙에 꽁꽁 얽매여있는 제가 좀 더 자유롭기를 원하신다며 하나님께서 우리에게 지키지 못할 십계명을 주신 이유를 알려주셨습니다.

"하나님이 우리에게 십계명을 주신 건 우리를 묶기 위한 것이 아니라 우리가 지키지 못하는 존재라는 걸 알게 하시려는 거야. 그리고 그럴 때조차 하나님은 너를 여전히 사랑하신단다."

제 마음에 천천히 물들어있던 '순종하면 복, 불순종하면 벌'이라는 신앙 속 공식에 균열을 내는 사실이었습니다.

그날 이후 저는 부모님과도 대화를 시작했습니다. 어떻게 신앙을 이해해 왔는지, 왜 늘 복보다 벌이 더 익숙했는지, 어떤 마음으로 하나님을 믿어왔는지 솔직히 털어놓았어요. 그리고 아빠는 제게 긴 편지를 써주셨습니다. 그 편지에는 '인과율의 신앙에서 자녀됨의 신앙으로 나아가는 여정'이 담겨있었습니다. 그 글을 읽고 저는 처음으로 하나님 앞에서 나의 '존재'가 '행위'보다 먼저라는 사실을 비로소 마음으로 받아들일 수 있었어요. 아빠의 메시지가 제 마음 속 오래된 균열을 치유하는 데 큰 전환점이 되어주었습니다.

인과율의 비밀을 깨닫다

아빠가 교회에서 가장 먼저 배운 것이 뭘까? 바로 '구원'이란다. 우리가 죄를 가지고 태어나 죄 가운데 살다가 그리스도의 십자가 복음을 통해 죄사함을 받았다는 것이지. 그 구원을 배우고 구원의 감격에 빠져있던 중에 그다음으로는 인과율의 축복을 배웠어. 신명기 28장 5절에 나오는 '순종하면 복을 받고 불순종하면 벌을 받는다'는 내용이 재미있게 느껴졌단다. 나만

복을 받는 것이 아니라 내가 가지고 있는 떡 반죽 그릇까지 복을 받는다는 것이 참 흥미로웠지. 이스라엘 백성들이 출애굽해서 가나안을 향해 갈 때 하나님이 매일매일 만나를 주시는데, 받은 만나를 하루 이상 두면 곰팡이가 생기고 먹지 못하게 되었어. 안식일 전날은 평소보다 두 배 더 많은 양을 구하고, 이틀간 먹을 수 있게 되었던 거야. 아빠는 이 말씀을 과학적인 관점에서도 접근해 보았는데, 안식일에는 평소와 다른 온도나 습도, 햇빛, 바람의 영향까지 여러 가지 환경의 변화가 있었다는 것으로 해석할 수 있었어. 이런 일이 매주 반복됐다는 것이 아주 신기하게 느껴졌단다. 하나님의 세계에서는 이런 놀라운 일들이 당연하게 일어난다는 사실이 아빠의 마음을 뛰게 했던 것 같아. 인과율을 생각하면 무척 즐거웠지.

그런데 시간이 지나 인과율에 대해 다시 생각하게 되는 계기가 있었어. 문득 고등학교 시절에 있었던 일이 기억나더구나. 당시 이과 1등, 문과 1, 2등인 친구들과 함께 기숙사 방을 사용했는데, 이과 1등인 친구를 꼭 이겨보고 싶었어. 아빠는 자주 영어 시험을 망치곤 했기 때문에 언젠간 그 친구보다 높은 영어 성적을 받아보리라 다짐했단다. 어느 날 영어 시험을 정말 정말 잘 본 것 같아서 가채점을 했더니 두 문제를 빼고는 다 맞은 것 같았어. 반면 그 친구의 얼굴은 완전 흙빛이었지. 겉으로는 속상해하는 친구를 위로했지만 속으로는 드디어 그 친구를 이겼다고 확신하며 기뻐했단다. 하지만 점수가 나온 날 아빠는 충격을 받았어. 친구는 한 개를 틀려서 98점이었던 거야.

 그 친구와 내가 시험 결과를 예상하며 느꼈던 기분이 상반됐던 이유를 생각해 봤지. 아빠는 틀린 두 문제를 제외하고 맞힌 나머지 문제들에 집중했고, 그 친구는 자신이 틀린 문제에만 집중해 있었기 때문이 아니었을까? 그 사건에 대한 생각을 정리하고 다시 성경을 읽는데, 문득 율법 중에 단 하나라도 어기면 전부를 어긴 것이라는 말씀을 보게 되었어. 너무나 무서운 말이었지. 시험에서 한 문제를 틀리면 다 틀린 것이라고 해도 무서운데, 율법에 대한 예수님의 해석은 행위의 죄악을 넘어 마음의 죄악조차 죄라고 하신 것이었단다. 형제를 욕하거나 시기하는 마음을 가진 것도 살인죄라고 하시고, 마음에 음욕을 품는 것도 간음죄라고 하셨으니 너무 무서웠어. 행위 외의 것에도 죄가 적용된다면 죄를 정하는 기준점이 바뀌게 되고, 그러자 인과율이 저주처럼 느껴졌단다. 아무리 노력해도 율법을 지킬 수 없는 내 삶의 끝은 무조건 죄와 형벌뿐이었어. 내가 농작물을 심어도 농작물이 자라지 않고, 내가 음식을 가지고 있으면 그 음식이 썩어 버린다니 저주도 이런 저주가 없었지. 그래서 교회에서 주변 사람들을 돌아보니 이 인과율에 대한 사람들의 생각은 크게 두 가지로 분류되더구나. 아직 율법을 잘 몰라서 인과율을 즐거워하고 있거나, 아니면 아빠처럼 인과율을 두려워하는 것이었어. 인과율에 대한 두려움이 있는 사람들은 인과율 이야기가 교회의 공공연한 비밀인 것처럼, 언급하는 일 자체를 꺼리는 느낌도 들었어. 하지만 이런 저주와 같은 인과율로부터 아빠를 자유롭게 한 것이 바로 예주였단다.

너희가 어렸을 때 온 가족이 한 명씩 아프리카에 있는 어린이들과 컴패션에서 1대1 결연을 맺어 후원했던 거 기억나니? 보인이와 예주가 아직 어려서 용돈을 따로 받고 있지 않던 상황이라 엄마 아빠는 너희가 직접 후원비를 마련할 수 있는 방법 몇 가지를 제안했어. 예주에게는 현관 신발장 정리를 하면 하루 일당을 주기로 했고, 예주는 매일매일 열심히 신발장을 정리해서 매달 5만 원 정도의 후원금을 보낼 수 있었지. 그런데 어느 날은 예주가 아주 기분 좋게 신발장을 정리하더니 거실도 청소하고 안방까지 청소하고 있더구나. 그래서 아빠가 물었어.

"예주야, 안방과 거실 청소는 용돈을 주기로 한 것도 아닌데 왜 하는 거야?"

혹시 그때 예주가 했던 대답 기억나니? 예주는 "제가 이 집 딸이니까요"라고 대답했단다. 예주의 말을 듣고 긴 세월 동안 아빠를 괴롭혔던 인과율에 대한 생각이 바뀌게 되었어. 예주가 인과율의 두려움에서 벗어나는 법칙을 알려준 셈이야. 바로 '자녀'로서의 모습을 생각하는 것이었지. 내가 하나님의 자녀라는 사실에 주목하는 것이었어. 그러자 뻔뻔한 우리들의 이야기, 돌아온 탕자가 비로소 이해되었단다.

 종과 주인 사이의 계약 관계가 아닌, 내가 하나님을 아버지라 부르는 자녀의 위치라는 것을 받아들이고 나면 비로소 구원에 대한 개념이 하나님의 자녀에 대한 개념까지 확장된단다. 자녀가 되는 순간 저주처럼 느껴졌던 인과율의 원리에서 벗어나는 것이지. 아버지의 재산을 가지고 허랑방탕하게 살다가 거지꼴로 집에 돌아온 탕자를 아버지는 따뜻하게 맞아주었어. 하지만 이를 지켜보던 큰아들은 이 상황이 잘 이해되지 않았지. 인과율을 생각하면 남은 재산이 이제 다 자신의 것이었는데 왜 탕자를 다시 받아주었는지 화도 났던 것 같아. 하지만 큰아들이 주장한 인과율은 아버지와 자녀 사이에서는 적용되지 않는 것이었단다. 시편의 "하나님은 자비로우시며 은혜로우시며 노하기를 더디하신다"는 말씀이 이해되는 순간이야. 인과율에 얽매였던 과거 내 모습에서 이제는 자유로워진 자녀로서의 특권을 누리며 살아갈 수 있게 된 거야. 처음에는 내가 인과율을 잘 지키고 있다고 생각해서 스스로 복된 존재라고 여겼던 것에서 그다음에는 율법을 온전히 지킬 수 없는 무력감에 빠지는 단계를 거쳐 비로소 자녀로서의 기쁨과 감사로 가득해진 것이란다.

또 다른 시험 1. 비교하는 마음

아빠는 이렇게 오랜 시간을 거쳐 복음을 이해하게 되었어. 칭의 개념을 이해하고 거룩한 삶을 살아내야 함을 알게 되었지. 그런데 '자녀 됨'으로 인과율의 저주로부터 자유로워진 우리에게는 또 다른 시험이 주어졌어. 그건 바로 '하나님, 쟤는요?' 하는 비교하는 마음이야.

사울은 이스라엘 군대가 전장에서 돌아올 때 "사울이 죽인 자는 천천이요 다윗은 만만이로다"(삼상 18:7)라는 여인들의 노랫소리를 듣고 불안했어. 그리고 그 불안은 다윗을 시기하는 마음으로 이어졌지. 성도는 타인과 나를 비교하기보다 하나님 앞에 선 내 모습을 바라볼 수 있어야 해. 그래야 시기하는 마음으로부터 조금이라도 자유로워질 수 있단다. '사울이 여인들의 노래를 듣고 나라의 공을 세운 다윗을 격려했더라면 사울의 마지막이 조금은 달라지지 않았을까?' 하는 생각도 해본단다. 비교하는 것을 멈출 수 없다면 어제의 나와 오늘의 나를 비교하는 것으로 대신해 보는 것도 좋은 방법이 되겠구나.

베드로가 예수님을 세 번 부인했을 때, 예수님께서는 베드로에게 다시금 용기와 사명을 주셨어. 하지만 베드로는 그 말씀을 듣고도 정신을 차리지 못하고 평소 주님의 품에 있던 요한의 마지막 모습은 어떠할지 물어보았지. 예수님께서는 베드로에게 당신이 다시 오실 때까지 요한을 살려두거나 말거나 네가 무슨 상관이냐고 답하셨어(요 21:21-22).

아빠가 속해 있던 교회 안에서도 대부분 비교와 시기가 있었어. "저 사람은 부자인데 저는 왜 가난한가요?", "저 사람은 장로가 되는데 저는 왜 직분을 주지 않나요?" 등등 다양한 것들로 비교하면서 서로를 시기하곤 했지. 예수님을 주님으로 고백하는 사람들이 모여 주님의 몸 된 교회를 이루어가는 과정에서 서로를 비교하고 시기하면서 누군가는 우월감에, 누군가는 열등감에 사로잡히는 존재로 남는 것은 정말 심각한 문제야.

우리는 교회 안에서 모두가 하나님께 속한 존재임을 알고, 각자에게 주신 은사와 부르심이 다르다는 사실을 기억해야 해. 그렇기에 맡기신 일이 다르고, 서로 다르게 사용하신다는 것을 알고 서로를 비교의 대상으로 바라보지 않아야 한단다. 마치 정원의 다양한 꽃들이 각기 다른 모양과 향기를 가지고 아름다운 정원을 이루고 있듯이, 또한 꽃이 피는 시기도 각기 다르듯이 말이야. 우리는 각기 다른 부르심 가운데 그에 따라 서로를 섬기며 교회라는 아름다운 공동체를 이루어가는 존재들이란다. 그렇기에 서로를 비교하면서 시기하는 것은 정말 어리석은 일이지. 하지만 비교와 시기의 단계에서 벗어나기란 아주 어려운 일이란다. 문제는 이 단계를 넘어 교회 구성원들이 모두 한 팀이 되었다 해도 넘어야 할 시험은 끝나지 않는다는 거야. 이젠 요나가 겪었던 문제에 부딪히게 돼.

또 다른 시험 2. 이기적인 마음

하나님께서 요나에게 니느웨로 가라고 명하시지만 요나는 다시스로 향하는 배에 타게 되었어. 그 당시 세상의 끝으로 여겨지던 다시스로 도망가려고 한 요나의 상황은 마치 일본이나 중국이 우리나라를 침략할 때 침략국 사람들을 위해 가서 회개를 선포하라는 하나님 말씀을 들은 것과 비슷하다고 할 수 있단다. 순종하기 쉽지 않은 명령이었을 거야. 요나는 자신이 순종하여 니느웨에 가서 복음을 외치고 니느웨가 하나님 앞으로 돌아서게 된다면 니느웨는 더 흥하여져서 이스라엘을 망하게 할 거라고 예상했던 거야. 요나의 판단은 실제로 틀리지 않았고, 역사 속에서 실제 그런 일이 일어났던 것을 알 수 있단다. 아빠는 민족의 배신자가 되지 않기 위해 도망간 요나의 입장이 충분히 이해됐어. 그것이 요나의 한계이고 사람의 한계인 거지.

하나님은 요나서를 통해 우리가 선민사상, 민족주의, 국수주의에 빠지지 않고 내가 속한 교회와 교단만 생각하는 이기적인 마음을 내려놓으라고 말씀하시는 것 같아. 우리는 편협한 생각을 버리고 시야를 넓고 크게 만들 필요가 있단다. 하나님은 이방 민족까지 다스리시는 하나님이시고 온 우주의 창조주이시며 온 세상을 다스리시는 분이시기 때문에, 니느웨에 있는 어린아이의 생명, 즉 우리가 미워할 수밖에 없는 나라와 민족까지도 모두 하나님 것이자 하나님이 아끼고 사랑하시는 것이야. 이 사실을 기억할 때 이기적인 사고와 편견에서 벗어나 마침내 온 열방을 하나님 아버지의 마음으로 바라볼 수 있게 될 거야.

또 다른 시험 3. 고난을 이해하기

우리가 마주하는 문제는 또 있어. 그것은 바로 욥이 마주했던 상황이란다. 성경에서 욥은 분명하게 죄가 없는 의인이라고 표현되고 있지. 하나님은 사탄에게 욥의 생명을 취하는 것 이외에 할 수 있는 모든 시험을 허락하셨어. 하나님은 욥이 이 땅을 창조하신 하나님의 섭리와 그 마음까지 이해하길 원하셨던 것 같아. 욥기를 통해 하나님께서는 돌아온 탕자와 같은 우리를 품어주시는 것에 머무르지 않으시고, 우리가 더 나은 수준의 믿음으로 자라나기를 바라고 계심을 알 수 있단다. 하나님께서는 많은 고난을 통하여 욥의 믿음이 성장하게 하셨고, 그가 하나님 앞에 더 가까이 나아올 수 있는 기회로 만드셨어. 욥은 이 과정을 통해 하나님의 창조의 섭리를 이해할 수 있게 된 거야. 우리는 이 땅을 창조하신 하나님의 섭리를 다 이해하지 못하더라도 하나님께서 우리에게 행하시는 모든 것은 결국 선이 된다는 사실을 잊지 말아야 한단다.

결국 범사에 감사하기

'새옹지마'라는 사자성어를 알고 있니? 옛날에 새옹(변방의 노인)이 살고 있었는데, 어느 날 그가 키우던 말이 도망갔어. 요즘으로 치면 자동차 같은 큰 재산을 잃은 거야. 마을 주민들은 그를 위로했는데 그는 그냥 담담한 반응을 보였단다. 그런데 어느 날 도망간 말이 야생마들을 데리고 집으로 돌아온 거야. 마을 주민들은 하루아침에 더 많은 말들을 소유하게 된 새옹을 축하했는데, 그는 역시 그 상황도 담담하게 받아들였어. 그러던 어느 날 새옹의 아들이 말을 타다가 떨어져 장애를 얻게 돼. 마을 주민들은 새옹을 위로했지만, 이때도 그는 담담한 반응을 보였지. 이후 큰 전쟁이 발발하여 젊은이들은 다 전장에 나가야 했는데 새옹의 아들은 장애가 있어서 전쟁터에 가지 않아도 되었단다. 마을 주민들은 그제서야 새옹이 모든 일에 담담한 태도를 가지려 하는 이유를 조금씩 이해하게 되었대.

아빠는 운전을 하다가 길이 막히면 '빨리 가지 말라고 하시나 보다'라고 생각하곤 해. 병원을 운영하다가 통장에 돈이 부족하면 '비싼 의료 장비를 살 때가 아니라고 하시나 보다' 생각하지. 학생 때는 키가 작은 것이 불만이었지만 지금은 하나님께서 나에게 가장 적당한 키를 주셨다고 생각하고 있어. 또 강단에 서서 강의할 때 말을 더듬게 되더라도 서툰 언변조차 감사하려고 한단다. 왜냐하면 창조주이신 하나님께서 나를 가장 적합한 모습으로 만드셔서 결국엔 합력하여 선이 되게 하실 것을 믿기 때문이야. 에베소서 1장 4-6절은 이렇게 말하고 있어.

곧 창세 전에 그리스도 안에서 우리를 택하사 우리로 사랑 안에서 그 앞에 거룩하고 흠이 없게 하시려고 그 기쁘신 뜻대로 우리를 예정하사 예수 그리스도로 말미암아 자기의 아들들이 되게 하셨으니 이는 그가 사랑하시는 자 안에서 우리에게 거저 주시는 바 그의 은혜의 영광을 찬송하게 하려는 것이라(엡 1:4-6).

우리가 태어나서 스스로를 판단하고 서로를 비교하면서 무엇을 잘하고 못하는지를 따지기도 전에, 하나님께서는 창세 전부터 이미 당신의 백성들을 택하여 두셨단다. 우리로 사랑 안에서 거룩하고 흠이 없게 하시려고, 또 그리스도로 말미암아 우리를 자녀 삼으시려고, 결국엔 은혜의 영광이 되게 하시려고 우리를 선택하셨다니 너무나 감격스럽지 않니?

성도의 기원과 과정과 결과를 알고 나면, 눈앞에 닥친 여러 문제에 대한 반응이 달라질 수밖에 없단다. 사람들의 거절이나 등불을 꺼버린 바람, 재물의 손해 등 우리 삶에 수없이 나타나는 순간의 위기와 문제들 말이야.

결국 너희들의 마지막은 은혜의 영광을 찬송하는 존재로 서 있을 것이고, 그렇다면 이보다 더 귀하고 큰 복이 있을 수 없을 거야.

늦어도 괜찮아,
하나님은 기다리신단다

남들보다 뒤쳐졌다는 생각이 들면 큰 위기감이 듭니다. 그럴 때면 선으로 이끄시는 하나님을 떠올리지 못하는 경우가 많아요. 저는 유학시절 로컬 학생들과 함께 공부하며 위기감을 많이 느꼈습니다. 심지어 모국어로 공부하는 로컬 친구들보다 학업 성적이 더 뛰어난 유학생 친구들을 볼 때는 영영 끝나지 않는 마라톤을 달리는 기분이 들기도 했어요.

어느 날, 무거운 마음으로 부모님과의 통화를 마치고 저는 노아의 방주 이야기를 다시 묵상하게 되었어요. 노아가 하나님의 말씀을 받아 산꼭대기에 방주 짓기를 시작하고, 마지막 하나님의 부르심을 받은 동물들은 방주가 있는 산꼭대기로 올라가기 시작합니다. 그중에는 아주 작고 느린 달팽이도 있었어요. 달팽이를 비롯한 모든 동물들은 하나님의 특별한 부르심에 기뻐하며 신나게 발걸음을 재촉했을 거예요. 하지만 아무리 열심히 꼼지락거려도 천천히 움직일 수밖에 없는 달팽이는 산꼭대기까지 올라가는 여정이 길고 까마득하게 느껴졌을지도 모릅니다. 날쌘 동물들이 달팽이를 바람처럼 스쳐지나갈 때도, 울퉁불퉁한 바닥 때문에 기어가기 쉽지 않은 길을 만났을 때도 있었겠지요.

하지만 달팽이는 어떤 어려운 상황 속에서도 포기하지 않았고, 결국 방주에 도착할 수 있었습니다. 저는 달팽이에게 특별한 힘이 발현되어 그 시기를 버틸 수 있었다고 생각하지 않아요. 대신에 달팽이에게는 "나도 방주에 초대되었어"라는 부르심에 대한 확신과 "내가 들어가기 전까지는 방주의 문이 닫히지 않을 거야"라는 굳은 믿음이 있었던 것 같습니다.

인생에 위기감이 들 때, 내 삶을 주관하셔서 결국 선으로 인도하시는 하나님을 신뢰한다면 우리도 인생의 위기 앞에서 감사로 다시 힘을 낼 수 있을 것 같아요.

아빠가 의과대학을 5년째 다니고 있을 때 버스에서 우연히

중학교 친구를 만났어.

"진석아 오랜만이다. 너 아직도 대학생이냐?"

"응, 여기 학교 다니고 있어."

"너 공부 잘했었는데 지방대에 다니네. 무슨 과야?"

"의예과야."

"그래서 아직 학생이구나. 의대가 6년이지? 졸업하면 인턴 레지던트가 몇 년이냐?"

"… 글쎄?"

순간 아빠는 너무 당황스러웠어. 생각해 보니 레지던트가 몇 년인지도 모르고 학교를 다니고 있었던 거야. 친구의 질문에 잘 모르겠다고 대답하자 친구는 가짜 대학생 아니냐면서 놀리더구나. '내가 왜 그걸 몰랐을까?' 생각하다 보니 마음의 여유가 없이 살고 있는 스스로를 볼 수 있었어. 의대를 다니는 내내 한 학기, 아니 한 과목을 넘어가는 것이 힘겨웠던 것 같아.

당시 의대 일정은 한 과목이라도 60점 이상을 받지 못하면 유급이 돼서 다음 해에 1년 후배들과 다시 그 학년을 공부해야 했거든. 또 유급이 세 번 이상 반복되면 졸업의 기회 없이 제적 처리가 됐어. 실제로 세 번을 유급해서 제적당한 선배를 봤는데 결과적으로 그 선배는 7년간 고생하며 의대를 다녔지만 결국 대학 중퇴 학력을 가지게 된 거야. 이런 환경에서 아빠는 미래를 바라보는 마음의 여유가 없었던 것 같아.

그때부터 지금까지 의사가 된 지도 30년이 넘었구나. 그런데 지난 세월을 돌아보니 인생길 중 몇 년의 시행착오와 피치 못한 쉬어감이 꼭 나쁘게만 느껴지지는 않아. 인생을 살다 보면 앞만 보고 달려가는 게 익숙해질 수 있지만 우리는 멀리 보는 시야와 잠시 숨을 고르는 여유가 필요하단다. 혹시 힘들고 험악한 인생길을 걷는 중이더라도 그 현실에 매몰되지 않고 잠시 눈을 들어 멀리 하늘을 바라보는 삶의 여유를 가져보기 바란다. 아마도 더욱 힘 있고 의미 있고 풍성한 삶, 진한 향기를 지닌 삶을 살아낼 수 있을 거야.

성도들의 인생에 위기가 찾아올 때

아빠는 지금까지 살아오면서 정말 많은 위기를 넘겨왔어. 그런데 수많은 위기들을 겪으면서 깨달은 것은 정말로 위험한 순간은 언제나 승리와 성공 다음에 온다는 사실이야. 성도들의 위기를 이야기해 본다면 엘리야 선지자에게 집중해 볼 필요가 있단다. 열왕기상 18장 21절에 보면 엘리야 선지자 혼자서 바알과 아세라의 선지자 850명에 맞서서 싸운 이야기가 있는데,

모두가 목숨을 건 싸움이었고, 결국 엘리야가 승리하여 850명의 바알과 아세라 선지자들은 죽음을 맞게 되지. 게다가 엘리야가 기도하니 3년 6개월 동안 내리지 않았던 비가 내리게 되었단다. 보통 사람들은 평생 이루지 못할 큰 업적을 남긴 거야.

그런데 이세벨 왕비가 엘리야를 죽이겠다고 협박을 하자 엘리야는 두려움과 절망으로 크게 위축되어서(왕상 19:2-3) 유다의 남쪽 브엘세바까지 도망을 간단다. 위대한 승리를 거둔 엘리야가 지금은 도망자 신세가 된 거야. 엘리야는 광야로 들어가서 한 로뎀나무 아래 주저앉아 하나님께 기도했어.

"하나님, 차라리 지금 죽여주세요."

그는 심한 우울증과 무력감, 절망감에 빠졌던 것 같아.

이렇게 하던 일이 잘되지 않거나 시험 성적이 바닥을 쳤을 때, 또는 노력했던 일이 실패했을 때 느껴지는 위기감보다 더 무서운 것이 성공과 승리로 한껏 명예가 높아졌을 때 불쑥 찾아오는 위기야.

인생에 위기가 찾아올 때 우리가 가장 먼저 해야 하는 것은 잘 쉬는 것이란다. 엘리야가 천사에게서 숯불에 구운 떡과 물을 받아 먹고 마셨던 것처럼, 우선 잘 먹고 잘 쉬는 것이 중요해. 그리고 나서는 엘리야처럼 호렙산에 가서 하나님을 만나야지. 우리는 호렙산까지 갈 수 없으니 개인적인 묵상과 기도의 장소를 찾는 것으로 방법을 대신하면 좋겠구나.

그리고 그곳에서 엘리야처럼 자신의 사명을 생각하는 거야. 눈앞이 캄캄해질 정도로 막막한 위기의 순간이 찾아올 때 나 자신의 존재와 사명에 집중하면 절망의 늪에 빠지지 않고 넘어지지 않을 수 있어. 세례 요한이 죽은 것은 악한 공주의 춤 때문이 아니라 예수님의 길을 예비하는 그의 사명이 끝났기 때문이라는 것을 잊지 말아야 한단다.

아빠는 인생의 위기를 지나는 과정이 너무 힘들 때면 시편을 암송했어. 시편 16편 3절과 23편을 계속 읊조리곤 했는데, 어릴 때 교회학교에서 선생님들이 말씀 암송 훈련을 하는 이유가 여기 있다고도 할 수 있어. 그래도 너무 힘이 든다면, 가슴을 활짝 열고 눈을 들어 하늘을 바라보렴. 어떤 인생이든지 그의 삶과 죽음, 승리와 실패는 모두 하나님께 달려 있고, 성도의 마지막은 언제나 승리와 영광이라는 사실을 꼭 기억하면 좋겠구나.

> 땅에 있는 성도들은 존귀한 자들이니 나의 모든 즐거움이 그들에게 있도다(시 16:3).

여호와는 나의 목자시니 내게 부족함이 없으리로다 그가 나를 푸른 풀밭에 누이시며 쉴 만한 물가로 인도하시는도다 내 영혼을 소생시키시고 자기 이름을 위하여 의의 길로 인도하시는도다 내가 사망의 음침한 골짜기로 다닐지라도 해를 두려워하지 않을 것은 주께서 나와 함께 하심이라 주의 지팡이와 막대기가 나를 안위하시나이다 주께서 내 원수의 목전에서 내게 상을 차려 주시고 기름을 내 머리에 부으셨으니 내 잔이 넘치나이다 내 평생에 선하심과 인자하심이 반드시 나를 따르리니 내가 여호와의 집에 영원히 살리로다(시 23:1-6).

예주의 사진첩에는 예쁜 하늘 사진이 많이 있어요

그래도 너무 힘이 들면,
가슴을 활짝 열고
눈을 들어 하늘을 바라보렴.

전도할 때는
주기도문, 사도신경, 십계명을
알려주자

교회학교에서 달란트 시장을 하거나 친구 초청 주일에 교회가 작은 놀이동산이 되는 날이면, 저는 친한 학교 친구를 교회에 데리고 갔습니다. 어른들이 마련한 축제의 자리에 작은 숟가락 하나 얹는 일이었지만, 나름의 사명감으로 친구들을 교회에 데려가는 것을 좋아하게 되었어요. 하지만 시간이 흘러 어른이 되자, 누군가를 전도하는 것이 참 어려운 일이 되었습니다.

20년 넘게 차곡차곡 쌓아온 경험으로 서로 다른 생각과 다른 가치관을 가진 성인을 교회에 데려간다는 것은 바늘구멍에 낙타를 통과하게 하는 일 같았어요. 그래서 저와 몇몇 친구들은 구별된 삶을 보여주는 노력을 시작했지만, 매순간 삶의 모습을 바르고 선하게 만들어가는 것도 어려운 일이라는 것을 금방 알게 되었어요. 그럼에도 기도하는 마음으로 하나님이 기뻐하시는 삶의 예배를 위해 열심을 다했습니다.

그러던 어느 날, 친구 한 명이 '신'과 '교회'에 대한 질문을 해왔어요. 기쁜 마음으로 최선을 다해 질문에 답했지만 무엇인가 아쉬움이 남았습니다. 너무나 소중한 기회를 날려버린 것 같아 속이 상하기도 했죠. 그래서 앞으로 또 언제 다가올지 모르는 기회를 위해 새신자에게 꼭 필요한 메시지를 정리해 보기로 했습니다.

할아버지를 전도하기 위해 애쓰는 동안 할머니는 아빠가 전한 복음을 듣고 교회에 나오기 시작하셨단다. 여자아이는 학교에 잘 보내지 않던 시대에도 고등학교까지 나오셨던 할머니는 학문에 자부심이 있는 분이셨는데, 교회에 가기 전 당신이 공부해야 하는 것들이 있냐고 물으셨어.

아빠는 곧장 주기도문과 사도신경, 그리고 십계명에 대해 알려드렸고 할머니는 이 세 가지를 전부 읽고 완벽하게 암기하시면서 주일 예배를 준비하셨단다.

주기도문과 사도신경, 십계명은 복음의 핵심을 말해 주고 있어. 아빠도 친구들과 함께 제대로 된 교리와 성경공부를 하면서 가장 먼저 이 세 가지를 다시 살펴봤고, 우리가 받은 은혜에 다시 한번 감격하게 되었단다.

사도신경: 우리는 무엇을 믿는가?

할머니에게 사영리 복음을 알려드리고 난 다음에 알려드린 것은 바로 사도신경이야. 사도신경은 오랜 시간 다듬고 다듬어진 세례 문답이란다. 초대교회에서 복음을 받아들인 사람들에게 세례를 주기 전 몇 가지 질문들을 했는데 그 질문과 대답이 긴 시간 동안 구체화되고 잘 정리되어 지금의 사도산경이 되었다고 생각할 수 있지. 사도신경은 매구절마다 '나는 믿습니다. ○○○을…'와 같은 형식으로 구성되어 있어서 우리가 도대체 무엇을 믿어야 하는지 아주 명확하게 보여주고 있단다.

1) 나는 믿습니다. 삼위일체 하나님을
2) 나는 믿습니다. 전능하사 천지를 만드신 하나님을
3) 나는 믿습니다. 아버지이신 하나님을
4) 나는 믿습니다. 외아들이신 예수님을
5) 나는 믿습니다. 주인이자 구원자이신 그리스도 예수님을

6) 나는 믿습니다. 동정녀 마리에게 나신 예수님을

7) 나는 믿습니다. 본디오 빌라도에게 고난을 받으신 예수님을

8) 나는 믿습니다. 십자가에 못 박히신 예수님을(십자가의 죄사함과 대속)

9) 나는 믿습니다. 죽으시고 장사되어 사흘만에 다시 살아나신 예수님을

10) 나는 믿습니다. 하늘로 승천하사 하나님 우편에 앉아계신 예수님을

11) 나는 믿습니다. 산 자와 죽은 자를 심판하러 오실 예수님을

12) 나는 믿습니다. 성령 하나님을

13) 나는 믿습니다. 공교회가 거룩한 것을

14) 나는 믿습니다. 성도(거룩한 무리)가 서로 교통하는 것을

15) 나는 믿습니다. 죄를 사하여 주시는 것을

16) 나는 믿습니다. 몸(육체)이 다시 사는 것과 영원히 사는 것을

대략 열여섯 개 정도의 항목으로 사도신경을 정리할 수 있겠구나. 초대교회에서부터 지금까지 이 모든 내용을 믿는다고 고백하는 사람들만이 세례를 받아 왔어. 현재 우리가 세례자들을 대상으로 특별히 교육을 하는 이유 역시 위 질문에 대한 답, 즉

우리의 신앙에서 가장 중요한 것들이 어떤 것인지 알고 믿어야 하기 때문이란다. 너희는 열여섯 개의 질문 중에 몇 개를 믿고 있니? 만약 "아빠! 나는 이 중에 한 개 빼고 다 믿을 수 있어요!"라고 하면 아주 곤란해. 사도신경의 모든 내용을 믿음으로 고백할 수 있을 때 우리의 신앙은 비로소 완전한 신앙이 될 수 있단다. 초대교회에서 세례를 받고자 했던 사람들은 목숨을 걸고 믿음의 고백을 해야 했어. 로마 황제가 모든 것의 주인이 되어야 하는 시대에 나의 주인은 예수님이시라고 고백하는 건 목숨을 걸어야 할 수 있는 일이었지. 그런데 사도신경에는 몇 가지 우리가 착각하기 쉬운 내용이 있단다. 그중 몇 가지를 꼽아 이야기해 줄 테니 사도신경을 고백하는 너희의 마음을 한번 점검해 보기 바란다.

첫째, 삼위일체 하나님을 믿는다는 것을 얼마나 이해하고 있는지 생각해 보렴. 보인이가 다섯 살 때 교회학교에 가서 성령님이 우리 안에 계신다는 표현을 배워 왔어. 그러던 어느 날 고기를 구워 먹는데 걱정스러워하는 눈빛으로 묻더구나. "아빠, 고기를 너무 많이 먹어서 성령님이 계실 자리가 없으면 어떡하죠?" 아마도 보인이가 한참 고기를 먹다보니 배가 가득 찬 느낌이 들었고, 그때 문득 방금 먹은 고기와 성령님이 뱃속에 같이 있을 것이라고 상상한 것 같았어. 그 기특한 모습에 너무나 기쁜 마음으로 "성령 하나님은 영이시기 때문에 육체와 섞일 수 없어" 하고 설명해 주었던 기억이 나는구나. 아빠가 어렸을 때는 종종 성령님을 장풍처럼 쏘는 사람들을 볼 수 있었단다. 성령 받으라고 하면서 성령을 막 던져서 주고받기도 하고, 심지어는 주머니에서 성령을 꺼내는 사람들도 있었지. 혹시라도 어느 날 아빠가 갑자기 주머니에서 성령님을 꺼내 준다면 치매 전문 병원에 입원시켜주렴. 이건 정말 심각한 수준의 치매인 것이니까. 사도신경의 열두 번째 고백처럼 성령님께서 하나님 이심을 믿고, 그래서 삼위일체 하나님을 온전히 믿고 그에 따른 신앙의 바른 방향성을 갖고 살아가기를 바란다.

둘째, 동정녀 마리아의 임신을 실제로 믿고 있는지를 돌아보렴. 아빠가 대학생일 때 같은 과 동기가 날카로운 질문을 한 적이 있어.

"어떻게 정자 없이 임신이 가능하다고 생각할 수 있는 거야? 진짜 그게 사실이라고 믿어?"

아빠를 비롯한 주변 친구들은 모두 자연과학을 공부하는 의대생들이었기 때문에 성경에서 말하는 동정녀 마리아의 임신이 과학적으로 불가능하다고 생각했던 거야. 그때 아빠는 이렇게 대답했어.

"절대 무의 상태에서 온 피조세계를 창조하신 하나님이신데 정자 없이 임신하게 만드는 것쯤이야 얼마든지 가능한 일이었을 거라고 생각해."

성경 이야기는 신화가 아니란다. 오랜 시간 많은 내용이 바뀌고 과장되어 재미있게 전해져온 전래동화가 아니라, 사실을 기록한 역사서이자 하나님의 분명한 메시지를 담고 있는 책이야. 우리가 같이 정리한 여섯 번째 고백, 즉 동정녀 마리아에게 나신 예수님을 분명히 믿을 수 있는 은혜가 있길 기도한다.

셋째, 몸의 부활과 영생에 대해 얼마나 이해하고 있는지 생각해 보렴. 욥 할아버지의 이야기를 알고 있지? 욥은 많은 고난과 곤경 속에서도 끝까지 하나님께 엎드려 마음을 드렸던 대단한 인물이지. 욥기의 첫 번째 장에 보면 욥이 고난을 당하기 전에 가졌던 소유물에 대한 설명이 나온단다.

> 그에게 아들 일곱과 딸 셋이 태어나니라 그의 소유물은 양이 칠천 마리요 낙타가 삼천 마리요 소가 오백 겨리요 암나귀가 오백 마리이며 종도 많이 있었으니 이 사람은 동방 사람 중에 가장 훌륭한 자라(욥 1:2-3).

하지만 욥이 고난을 당하기 시작하면서 모든 재산도 잃고, 열 명의 자녀는 모두 한 날 한 시에 죽게 되었어. 끝날 것 같지 않던 고난의 날들이 지나가고 하나님께서는 욥의 곤경을 돌이키셔서 욥에게 이전에 가지고 있었던 재물의 배가 되는 소유를 허락하셨단다. 첫 번째 장에 나와 있던 가축들의 수의 정확히 두 배가 주어졌지.

> 여호와께서 욥의 말년에 욥에게 처음보다 더 복을 주시니 그가 양 만 사천과 낙타 육천과 소 천 겨리와 암나귀 천을 두었고 또 아들 일곱과 딸 셋을 두었으며(욥 42:12-13).

하지만 여기서 조금 이상한 점이 있지 않니? 가축 수는 정확히 두 배가 되었는데 왜 자녀는 스무 명이 아닌 이전과 같이 열 명밖에 없었을까? 욥에게 있던 첫 열 명의 자녀는 소나 양처럼 영영 잃어버린 자녀가 아니었던 거야. 몸이 죽은 아들과 딸들에게도 영생이 있어서 그대로 천국에 가 있는 것이지. 이것은 욥의 먼저 죽은 자녀에게만 적용되는 것이 아니야. 우리 주변에 장로님, 권사님, 친구 그리고 부모님까지 모두에게 적용되는 하나님의 은혜란다. 이런 아빠의 욥기 묵상 나눔을 듣고 자녀를 잃고 상심하시던 한 권사님께서도 부활의 은혜, 영생의 은혜를 생각하게 되었다고 하시더구나. '천국이 보인다!'라는 보인이의 이름 뜻처럼 천국을 바라보며 이 땅에서의 삶 이후의 시간들도 생각할 수 있는 너희가 되기를 간절히 바란다.

매주 사도신경을 고백할 때 너희의 마음을 점검해 보렴. 구구단 외우듯 내뱉는 예배의 형식적인 절차가 아니라 매주 나의 신앙과 나의 삶을 돌아보며 다시 한번 믿음을 다지는 진실하고 소중한 고백이 되길 아빠가 기도할게.

주기도문: 기도의 목적을 어디에 두고 있는가?

이제 주기도문에 대해 살펴보면 좋겠구나. 주기도문은 주님이 우리에게 직접 가르쳐 주신 기도이자 가장 올바른 기도라고 할 수 있어. 그러나 주기도문을 반복해서 암송한다고 해서 우리가 올바른 기도를 하고 있다고 할 수는 없단다. 주기도문으로 기도한다는 것은 하나님의 이름, 하나님의 나라, 하나님의 뜻을 위해 기도하는 거야. 기도의 목적을 하나님께 두는 것이지. 그런데 이와 반대되는 기도도 있어. 나의 이름과 나의 영광을 위한 기도, 나의 나라와 나의 왕국을 위한 기도, 하나님의 뜻이 아닌 나의 뜻과 나의 꿈을 위한 기도는 주기도문과 반대되는 기도란다.

    결국 주님이 가르쳐 주신 기도는 우리 자신이 원하는 삶, 자신의 욕망을 실현하기 위한 기도가 아니라 오히려 하나님의 뜻이 나 자신의 삶에 이루어지기를 구하는 기도인 거야. 예수님께서 "그러나 나의 원대로 마시옵고 아버지의 원대로 하옵소서"라고 겟세마네에서 기도하셨던 것처럼 하나님의 뜻이 나의 삶에, 우리가 사는 이 땅 가운데 이루어지기를 기도하는 것이지. 우리가 하는 기도의 내용이 나의 영광과 나의 목적을 위한 것으로 가득 차 있다면 우리는 주기도문을 아예 모르고 있거나, 피상적으로만 알고 예배시간 마지막에 마치 주문을 외듯 의미 없이 중얼거리고 있는 것일 수 있어. 주기도문을 안다고 말할 수 없단다.

    너희가 하는 기도가 주기도문과 일치하는 기도인지, 반대되는 기도인지 늘 점검해야 한다. 그리고 기도 후에는 반드시 삶에 적용해야 해. 주기도문과 일치하는 기도를 삶에 적용한다면 자신의 십자가를 지고 주님을 따르는 방식으로 삶을 살아가게 되겠지? 오늘 내게 필요한 '나의 양식'만을 구하는 것이 아니라 '우리의 양식'을 구하는 기도를 하고 그렇게 살려고 노력한다면 선한 사마리아인처럼 이웃을 사랑으로 섬기고, 하나님의 사랑을 흘려보내는 삶을 살게 되는 거야. 이렇게 기도하고 삶에 적용하면서 믿음을 실천하는 사람은 어떤 상황에서건 "믿는 자에게는 능치 못할 일이 없다"는 고백을 하며 살게 된단다.

십계명: 하나님과의 혼인서약서

마지막으로 십계명을 살펴보자. 십계명에서 하나님이 가장 먼저 강조하신 것은 하나님 외에 다른 신을 두지 말 것과 우상을 섬기지 말라는 거야. 하나님은 우상을 만들지도 말고 섬기지도 말라고 아주 명확하게 제시하셨어. 하나님께서 꼭 질투하시는 것처럼 느껴지지 않니?

우리는 흔히 남녀가 사랑할 때 질투하는 감정을 느끼곤 하지. 질투는 사랑하는 사람이, 사랑하기 때문에 하게 된단다. 그런데 질투하는 마음을 갖거나 질투를 상대에게 표현하려면 조건이 있어. 서로가 사랑하는 관계임을 인정하고 확인했거나, 결혼한 상태여야 한다는 거야. 그렇지 않은데 일방적으로 질투하거나 질투심을 표출한다면 그것은 스토킹 같은 범죄가 되겠지. 자기 착각에 빠져 누군가를 과하게 질투하고 상대가 불편한 감정을 가지게 하는 것은 아주 위험해.

하나님이 우리에게 우상을 만들지도, 섬기지도 말라고 하시는 것은 하나님과 우리의 관계가 마치 결혼한 부부와 같기 때문이라고 생각할 수 있단다. 아내를 사랑하는 남자는 자기 아내가 다른 남자를 만난다면 절대 눈감아 줄 수 없겠지? 사랑하기 때문에 자신의 배우자가 다른 사람에게 마음을 주거나 만나는 것을 용납할 수 없는 거야.

그럼 하나님과의 결혼식 장소는 어딜까? 바로 시내산이란다. 모세가 중간 다리 역할을 하면서 하나님과 이스라엘을 언약 관계로 이끌었어. 이때 맺어진 언약을 결혼 언약, 혼인 언약이라고도 한단다. 그리고 언약의 증명으로 하나님께서 십계명을 주신 거야. 마치 혼인한 신부와 신랑이 평생 서로만을 사랑할 것을 약속하는 것처럼, 하나님도 언약 백성에게 우상에게 마음 주지 말고 하나님만 바라볼 것을 약속하자고 하셨던 거지.

그런데 성경에 보면 모세가 십계명을 받으러 시내산에 올라가 있을 당시 이스라엘 백성들은 황금 송아지를 만들었어. 왜 그랬을까? 왜 우리는 이 세상을 살아가며 자꾸 우상을 만드는 죄를 범하게 될까? 그 이유는 사람의 연약함 때문이야. 사람들은 보이지 않는 하나님보다 보이는 것에 마음을 두는 경향성이 강해. 그리고 지금 이 순간이 전부라고 생각하고 이 순간의 만족만을 바라보며 살고 싶어하는 습성이 있어. 그래서 하나님이 말씀하신 영원의 시간, 영원한 복 됨을 바라보지 못하고 잠시 잠깐의 부귀영화를 바라게 된단다. 우리의 죄 된 본성을 알고 경각심을 가지는 것, 십계명이 혼인서약서와 같은 하나님과 언약 백성 사이의 약속임을 아는 것, 이것이 십계명을 살아내는 첫 번째 단계라고 할 수 있겠구나.

앞서 설명한 것처럼 너희가 사도신경을 고백하고 주기도문처럼 기도하는 삶을 살았으면 하는 것이 엄마와 아빠의 큰 소망이야. 신랑 되신 하나님을 바라보며 믿음의 삶을 살아가다가 혹시라도 너희가 알게 모르게 만들어 낸 황금 송아지를 발견한다면 곧장 깨부수는 삶을 살길 바란다. 자녀 된 존재로서 하나님의 이름을 영화롭게 하는 삶을 살고자 생각하고 또 생각한다면 말씀 속에서 답을 찾을 수 있을 거야. 하나님의 말씀과 올바른 기도는 삶의 방향성을 잃었을 때 가장 좋은 나침반이 되어 준단다.

교회가 어떤 곳인지를 알아야
내가 속할 교회도 찾을 수 있어

대학을 졸업하고, 사회생활을 하기 위해 곧장 서울에서 자취를 시작했습니다. 중국과는 또 다른 환경에 적응하며 집, 학원, 회사 등 많은 것들을 선택해야 했어요. 그중 가장 신중하게 생각한 것은 앞으로 출석할 교회를 찾는 것이었습니다. 처음 상해에 갔을 때는 그 지역의 한인교회가 몇 군데 되지 않아서 교회를 결정하는 데 오랜 시간이 필요하지 않았지만, 한국에는 무수히 많은 교회의 문이 열려 있었어요. 한 블록마다 빨간 십자가를 볼 수 있다는 것이 새삼 대단하게 느껴지기도 했습니다. 이 많은 교회 중 한 군데를 선택해야 한다니! 아빠의 조언이 절실했습니다.

어떤 교회에 속해야 할지를 고민한다면 먼저 교회가 어떤 곳인지를 알아야 한단다. 세상은 하나님의 빛의 창조로 시작하여 불의 심판을 향해 나아가고 있어. 빛의 창조는 생명의 시작이고 불의 심판은 우주의 종말이지. 우리는 신자와 교회로서 창조와 종말 사이에서 잠깐 동안 사는 인생을 하나님을 향하여 살도록 복된 부르심을 받았단다. 우리와 같이 잠시 이 땅에 머물면서 평생 다시 오실 예수님을 바라보며 삶을 살아내는 주님의 성도들이 모여 거룩한 교회를 이루게 되는 거야.

우리 가족은 지금 세 번째 교회에 속해 있어. 아빠가 처음으로 출석한 천막교회는 10여 년을 다녔는데 그 교회에서 세례를 받고 너희 엄마를 만나 그 예배당에서 결혼식을 했단다. 두 번째 교회는 18년 정도를 다녔는데 안수를 받고 교우 수가 500명 정도에서 만 명이 넘어가는 것을 경험했어. 의료선교와 여러 가지 전도사역들로 바쁘게 지냈던 기억이 나는구나. 그리고 세 번째 지금 우리 가정이 속해 있는 작은 시골교회에서는 장로가 되어 또 다른 모습으로 교회에서의 역할을 다하고 있어.

이 세상에 큰 교회와 작은 교회는 없다고 생각해. 모두 주님의 몸 된 교회라고 할 수 있지. 교회의 규모는 문제가 되지 않지만, 주님을 기다리는 교회와 그렇지 못한 교회는 있을 수 있다고 생각한다. 이 세상을 잠시 지나는 나그네로 생각하는 교회와 또 그렇지 못한 교회도 있을 수 있지. 너희들이 속할 교회는 잠시 지나는 나그네로서 주인 되신 예수님을 기다리는 교회였으면 좋겠구나. 바른 말씀과 지혜로운 목회자, 따뜻한 공동체가 있는 교회, 또 교회된 목적이 분명하게 사라지지 않는 교회를 찾아보렴. 아빠는 하나님께서 너희에게 선한 분별력을 허락하실 거라고 믿는다.

아빠가 장로가 되어 섬기는 진상동부교회

진짜를 알면 가짜는
저절로 보이는 법이야

아빠가 초등학생일 때, 할머니가 생일파티를 크게 열어주셨다고 해요. 그런데 아빠가 딱 한 명의 친구를 데려와 단둘이 배터지게 생일상을 먹어서 할머니와 할아버지를 당황시켰다는 이야기는 아직도 회자되곤 합니다. 그날 생일파티를 함께한 친구는 분명 아빠에게 몇 없는 소중한 친구일 텐데 왜 직접 만나지 않고 추억만 하는지 항상 궁금했어요. 자초지종을 들어보니 그 친구가 구원파에 속하게 된 이후로 만나는 것이 어려워졌다는 것을 알게 되었습니다. 친구가 이단에 빠지게 되었다는 것을 알고 나서 아빠는 열심히 이단에 대해 공부했다고 합니다. 여러번 그 친구를 만나 이단이 틀린 이유를 증명하고 다시 교회로 돌아올 것을 설득하는 아픈 시간이 있었다는 것도 알게 되었어요. 하지만 결국 아빠는 정확한 교리를 알고, 공부하는 것만이 나 스스로를 지키고 언젠가 돌아올 친구를 맞이할 준비를 하는 방법이라고 결론을 내리셨대요.

이젠 교회 문 앞에 붙어있는 '신천지 출입금지!' 문구 스티커를 볼 때마다 얼굴을 알지 못하는 아빠 친구가 떠올라요. 저 역시 이단을 구별하고 나의 신앙과 사랑하는 사람들의 신앙을 지키기 위해, 또 언젠가 다시 돌아올 친구들을 위해 기도하고 공부하기를 멈추지 않아야겠습니다.

〈캐치 미 이프 유 캔〉(Catch Me If You Can)이라는 영화를 알고 있니? 수백만 달러의 수표를 위조한 희대의 사기꾼의 일대기를 그린 영화이지. 주인공은 수표 위조범으로 살아가다가 결국 경찰에 잡혀서 형을 살고 나와 FBI에서 위조수표 감별사로 일하게 된단다.

진폐와 위폐를 구별하기 위한 훈련을 할 때 가장 좋은 방법은 무엇일까? 위폐 감별사들은 진짜 화폐를 바로 알아야 한다고 이야기하더구나. 진짜를 제대로 알아야 가짜를 구별해낼 수 있는 것이지.

이 시대는 정말 많은 이단들이 있어. 종류도 많고 그 형태도 끊임없이 변화하기 때문에 우리가 이단을 공부하려면 정말 끝이 없단다. 그래서 이단을 구별하기 위한 최선의 방법은 정통 교리를 바로 알고 있는 거야. 소요리문답과 대요리문답, 하이델베르크 교리문답, 그리고 도르트 신조까지 아빠가 너희에게 정통 교리를 가르치고 또 가르친 이유가 여기에 있어. 더 깊이 알고 싶다면 데살로니가서와 계시록을 공부해 보는 것도 좋을 것 같구나.

정통 교리에 대한 정확한 지식을 토대로 성경의 저자이신 성령님께 성경을 통해 말씀하시는 하나님의 뜻, 구원과 삶의 도리를 깨닫게 해주시도록 기도하며 매일 성경을 읽고 묵상한다면 이단의 교묘한 속임을 잘 분별해낼 수 있을 거야. 결국 이단을 구별하는 가장 좋은 방법은 정통 교리와 성경에 집중하는 것이라고 할 수 있어.

교리적인 부분 외에 이단을 구별하는 방법이 있는데 그것은 도덕성이야. 대부분 이단들은 우리가 살고 있는 사회의 도덕적 기준이나 상식에 어긋나는 행태를 많이 보인단다. 예를 들어 아무렇지도 않게 거짓말을 포교를 위한 하나의 전술이라고 하면서, 친구나 심지어 가족에게까지 철저히 거짓말을 하고 속이기도 해. 그리고 하나님의 이름을 빌어 사람들에게 공포심을 심어주거나, 이성적인 판단과 사고를 불신앙으로 정죄하면서 개인의 인격을 통제하는 등 일반적인 상식으로도 용납할 수 없는 행동을 하지.

  이단을 구별하는 가장 쉬운 또 다른 방법은 이단 전문가에게 문의하는 거란다. 아빠가 관리자로 운영하고 있는 '바른 신학 바른 신앙' 다음 카페에서 질문을 하거나 주변에 검증된 이단 전문가에게 문의해 보렴, 출석하고 있는 교회의 목사님께 여쭤 보는 것도 좋은 방법이 될 거야.

  아빠 주변에도 잘못된 신앙관을 가진 이들이 점차 더 많아지고 있단다. 너희 역시 더 넓은 세상으로 나갈수록 잘못된 신앙관을 가진 사람들을 많이 만나게 될 거야. 그들의 주장과 생각을 한두 번 정도는 정정해줄 필요가 있지만, 이단은 가까이 하지 말아야 한다. 나와 다른 길을 걷는다 생각하고 멀리하렴. 그리고 말씀과 기도로 한 번 더 단단히 무장되는 너희가 되었으면 하는구나.

Part 4.
연애와 결혼, 어렵지만 가치 있는 것

"결혼해서 통닭을 시켜 아내에게 다리를 주었더니 표정이 이상해요. 본가는 다리를 좋아하는데 처가는 다리를 안 좋아해요. 그래서 제가 다리를 두 개 먹고 나머진 아내가 먹고 잘되었지요. 저는 같은 와이셔츠를 일곱 개씩 사서 매일 똑같이 입어요. 선택할 에너지를 줄일 수 있거든요. 그런데 아내는 무조건 바꿔 입어야 한대요. 지금은 날마다 입을 옷을 코디해서 놔둬요. 부부가 생각이 다르지만 서로 인정해줘요."

_1998년 가을, 결혼 뒤 처음 통닭을 시켜 먹으며

좋은 배우자를 찾기보다
좋은 배우자가 되어주렴

아빠는 매일 아침 엄마를 위해 원두를 갈고, 커피를 내립니다. 믹스 커피에 폭 빠져있던 엄마의 건강을 위해 아빠가 발벗고 나서서 드립 커피를 배운지도 10년이 훌쩍 넘었습니다. 재미있는 사실은 매일 아침 커피향으로 가득 메워지는 우리 집에서 커피를 마시는 사람은 엄마 한 사람 뿐이라는 것입니다. 카페인이 몸에 잘 맞지 않는 아빠가 마시지도 못하는 커피를 내리게 된 이유는 딱 한 가지, 엄마를 사랑하기 때문입니다.

출근 시간 현관문 앞에서의 뽀뽀, 아빠가 퇴근할 때 버선발로 마중을 나가는 엄마의 뒷모습, 정기적인 의사 모임에 나가면 엄마 몫을 생각해 따로 주문 포장을 해오는 맛있는 음식들까지. 엄마와 아빠가 사랑을 표현하는 여러 가지 모습은 저에게 큰 안정감과 행복을 가져다주었어요.

그래서 저는 어렸을 때 꼭 아빠와 결혼하고 싶었답니다. 나이를 한 살 두 살 먹어가며 누군가가 이상형을 물어볼 때마다 아빠 같은 사람이라고 답하게 되었어요. 그러던 어느 순간 좋은 남편감을 찾는 것보다 더 중요한 것은 스스로 좋은 아내가 될 준비를 하는 것이라는 걸 알게 되었어요. 그래서 '아빠 같은 사람'은 어떤 배우자를 원하는지 궁금해졌습니다. 아빠와 엄마가 서로를 선택한 이유를 알면 저 역시 부모님처럼 좋은 배우자를 찾을 수 있을 것 같았거든요!

잠언 31장에는 '현숙한 여인'이 등장하고 있어. 현숙한 여인이 진주보다 귀하다고 표현하고 있단다. 한 절씩 살펴볼까?

그런 자의 남편의 마음은 그를 믿나니 산업이 핍절하지 아니하겠으며(11)
그녀는 남편의 신뢰를 얻었다.
상인의 배와 같아서 먼 데서 양식을 가져 오며(14)
그녀는 무역사업을 했다.

밭을 살펴 보고 사며 자기의 손으로 번 것을 가지고 포도원을 일구며(16)

그녀는 토지와 포도원을 구입하여 사업을 했다.

그는 곤고한 자에게 손을 펴며 궁핍한 자를 위하여 손을 내밀며(20)

그녀는 이웃 구제에 모범을 보였다.

자기 집 사람들은 다 홍색 옷을 입었으므로 눈이 와도 그는 자기 집 사람들을 위하여 염려하지 아니하며(21)

그녀는 직원 복지를 잘 챙기는 오너였다.

그는 자기를 위하여 아름다운 이불을 지으며 세마포와 자색 옷을 입으며(22)

그녀는 자기관리를 잘했다.

그의 남편은 그 땅의 장로들과 함께 성문에 앉으며 사람들의 인정을 받으며(23)

그녀는 남편을 열심히 내조하여 장로의 역할을 다하는 데 많은 도움을 주었다.

능력과 존귀로 옷을 삼고 후일을 웃으며(25)

그녀는 미래에 소망을 가지고 살았다.

입을 열어 지혜를 베풀며 그의 혀로 인애의 법을 말하며(26)

그녀는 지혜롭게 말했다.

그의 자식들은 일어나 감사하며 그의 남편은 칭찬하기를(28)

그녀는 자식을 잘 키워 감사할 줄 아는 사람으로 만들었다.

덕행 있는 여자가 많으나 그대는 모든 여자보다 뛰어나다 하느니라(29)

그녀는 아름다운 여자 중에서도 가장 아름답다는 칭찬을 들었다.

그렇다면 현숙한 여인의 특징 중 엄마는 몇 가지가 해당한다고 생각하니?

하나, 시아버지를 섬김으로 하나님의 사랑과 복음을 전했다.

둘, 말년에 치매에 걸린 시어머니를 열심히 모셨고 시누이에게 인정받았다.

셋, 친정 식구들을 잘 챙겨 교회에 나오게 했다.

넷, 두 딸을 잘 양육했다.

다섯, 권사 투표에서 100% 찬성표를 받았다. 주변에 적을 두지 않았다.

여섯, 아빠 병원 일을 돕기 위해 그동안 많은 자격증을 땄고 실질적인 병원 살림과 직원 관리에 지혜롭게 일하고 있다. 사업자로도 열심히 일하고 있다.

일곱, 직원 복지와 이웃 구제를 잘 해낸다.

여덟, 아빠가 교회에서 맡은 역할을 다할 수 있게 완벽한 내조를 해주고 있다. 결국 아빠를 장로가 되게 했다.

아홉, 지금도 여전히 아름답다.

아빠는 결국 너희 엄마가 현숙한 여인이라고 생각한단다. 아빠는 현숙한 여인을 얻었어. 너희들은 평생 멋진 엄마를 보고 자랐으니 분명히 현숙한 여인으로 살아갈 것이라고 생각한다. 그렇게 살아가다 보면 언젠가 현명하게 배우자를 선택해야 할 때가 올 거야. "아빠 같은 남자를 만나 엄마같이 살다가 언니 같은 아이를 낳고 싶다"는 예주의 바람에 현명한 배우자를 찾는 것에 대한 답이 있단다. 아빠 같은 남자를 만나려면 너희 엄마의 모습을 닮으면 되는 거야.

아빠는 키도 작고, 말주변도 없고, 내성적이고 소극적이어서 당시 자매 앞에 서면 얼굴만 빨개지는 남자였어. 하지만 약속을 기억하고 또 지키려고 노력하는 남자였지. 엄마에게 프로포즈를 하면서 했던 한평생 그녀를 밀어주겠다는 약속, 삶의 중요한 결정을 할 때는 그 기준을 성경으로 하겠다는 약속, 그리고 세례를 받고 장로에 임직할 때 선언한 약속대로 열심히 삶을 살아내는 남자란다.

또 하늘에서 주신 약속들도 있지. 그 약속들을 이루실 주님을 바라보는 남자이기도 해. 너희도 꼭 약속을 소중하게 지키는 배우자를 만났으면 좋겠구나. 멋진 배우자를 만날 수 있도록, 또 너희 역시 현숙한 어인으로 살아갈 수 있도록 늘 기도하기를 바란다.

아빠가 프로포즈 때 약속했던 그네는 우리의
재밌는 놀이 기구였어요

그리스도의 향기가 나는 연애

저에게는 긴긴 유학 생활을 함께한 소중한 친구가 한 명 있습니다. 매사에 조심스러운 저와 정반대의 성향을 가진 친구는 존재만으로도 유학 생활 내내 제게 큰 힘이 되어주었어요. 친구의 부모님이 사역하시는 기도원에 놀러가게 된 날, 엄마 아빠가 결혼식을 마치고 기도원으로 향했다는 이야기를 듣게 되었습니다. 엄마 아빠는 같은 교회 청년부 회장, 부회장으로 만나 교제를 시작했다고 했어요. 작고 여리여리한 엄마가 회장, 듬직한 아빠가 부회장이었다는 사실이 재미있는 반전이기도 합니다. 한 교회 공동체에서 함께 사역하며 오랜 시간 교제를 이어온 부모님에게 궁금증이 생겼어요. 지킬 것도, 조심할 것도 많아 보이는 성도의 연애가 어렵게 느껴졌기 때문이에요.

아빠는 좌뇌가 발달한 이성적이고 합리적이며 숫자적인 사람인데, 우뇌가 발달해 시적이고 감성적인 자매의 호감을 얻으려니 참 힘들었어. 그래서 본성에 맞지 않은 몇 가지를 시도했지. 일단 시집을 몇 권 사서 열심히 외워 자매에게 암송해 줬는데, 암기는 잘 되는데 시낭송은 안 돼서 문제였단다. 그래도 자매는 잘 들어주었어. 격려도 해주었고 말이야. 또 재미있는 유머를 배워서 해줬는데 자매는 언제 웃어주어야 할지 타이밍을 못 잡더구나. 몇 번 하다고 포기했지.

아빠가 네 엄마와 데이트할 때 기다리는 것이 있었는데 바로 비와 눈이었다. 비가 오면 조금 일찍 퇴근해서 네 엄마 직장 근처에서 기다렸다가 우산을 씌워주고, 비를 핑계로 작은 우산 속에서 가까이 있을 수 있었거든. 그리고 첫눈이 오기를 오래 기다렸어. 누군가 우산을 씌워주면 그의 어깨를 보면 돼. 너희 어깨에는 비가 없는데 그의 어깨에는 비가 많다면 그 비만큼 너를 사랑하는 거란다. 네 엄마의 어깨엔 비가 없었다.

그렇게 연애하던 엄마 아빠의 청년 시절은 그야말로 부흥의 시대였단다. 정말 많은 부흥회가 열렸고 기도원 사역이 강조되던 시대였어. 아빠도 젊었을 때 시간만 나면 기도원으로 달려가곤 했지. 엄마와 아빠는 하나가 되는 첫날을 기도로 시작하고 싶은 마음에 결혼식 당일 저녁에도 기도원으로 향했어. 결혼식을 마치고 찾아간 기도원 입구에서 출입을 거절당하기도 했지. 젊은 형제와 아름다운 자매 단둘이서 기도원을 방문하니까 조금 이상하게 생각했던 거야. 엄마와 아빠는 교회에서 혼인한 정식 부부임을 말씀드렸고, 그제야 기도원에 들어갈 수 있었단다.

청년 시절 아빠는 기도원에 들어가서 기도를 하고 나면 무척 행복하고 뿌듯했어. 하지만 집이나 학교로 돌아가면 밀린 의대 공부가 끝도 없이 쌓여있었고, 스트레스가 심한 날은 기도원에서 나와 집으로 돌아가는 길에 그냥 천국으로 데려가주시면 좋겠다고 기도한 적도 있었단다. 변화산에서의 베드로의 마음이 조금은 이해가 되었어. 초막을 만들고 산 아래로 내려오기 싫었던 마음… 아빠도 베드로처럼 현생을 마주하기 싫은 마음이 있었던 것 같아. 그러나 신앙은 산 아래로 내려가 많은 고난과 멸시를 감당해 내는 것이란다. 실패하고, 실수하고, 예수님을 부인하고 저주하는 죄의 반복을 겪으며 살아가지만, 그럼에도 불구하고 다시금 십자가 앞에 엎드리는 것이 우리가 살아가는 신앙이라고 생각해. 죄와 실수로 가득한 스스로를 보면서 다시금 하나님의 긍휼과 자비를 구하는 삶을 살아내다 보면 우리의 신앙은 조금씩 성숙해져 간단다. 오직 십자가만을 의지하는 존재로 훈련되어 가는 것이지.

거룩함을 지키는 사랑

이야기가 서정할 수 있시만 그리스도인의 언애는 나의 행복보다 더 큰 의미를 포함하고 있어. 연애는 '나의 행복'이 아니라 '서로의 성화'를 위한 동행이란다. 연애하는 동안 서로의 믿음을 세워주고, 죄의 유혹에서 멀어지도록 경계하렴. 신자의 연애는 단순한 설렘이나 감정에 그치는 것이 아니라 하나님 앞에서 거룩함을 지키는 사랑이어야 해.

또, 만약 너희가 교회 공동체 안에서 누군가와 교제하게 되었다면 공동체에 덕이 될 수 있는 연애를 하렴. 같은 청년부 안에서 교제를 시작한 아빠와 엄마도 서로에 대한 확신이 생기기 전까지는 공동체 분위기를 흐리지 않기 위해 관계를 밝히는 일에 오랜 시간 신중했단다. 왜냐하면 교회는 '연애의 장'이 아니라 하나님을 예배하는 거룩한 자리이기 때문이야. 모든 연애가 반드시 아름답게 끝나지 않을 수도 있지만, 공동체 안에서 감정적인 만남과 이별이 반복되면 그건 당사자에게도 공동체 전체에도 덕이 되지 않는다는 걸 생각하며 신중하게 행동하렴. 사랑이든, 이별이든 그리스도의 향기가 나야 한단다. 그래서 엄마와 연애할 때도 혹시 다른 이들의 신경을 쓰이게 할까 봐 다니던 교회가 아닌, 다른 대형 교회로 새벽예배를 함께 나가곤 했어. 그 조심스러움 속에서도 함께 하나님께 나아갔던 시간이 지금 돌아보면 참 귀하고 따뜻한 기억으로 남아 있단다.

청년 시절에 하나님 앞에서 정직한 사랑을 하고 서로를 거룩하게 세워주는 연애를 하길 바란다. 그리고 사랑과 믿음으로 걸어가는 시간이 되길, 아빠는 언제나 그 길을 위해 기도할게.

조심스레 함께 하나님 앞에 나아갔던 엄마 아빠의 연애 시절

결혼은 선택하고
책임지는 묶임이란다

20대 후반이 되어, 교제하고 있던 멋진 형제와 결혼을 약속하게 되었습니다. 본격적인 결혼 준비에 앞서, 양가 부모님께 정식으로 인사를 드리기로 했어요. 기차표를 예매하고 선물과 편지를 준비하는 과정이 설레기도 했지만 몇 날 며칠 동안 간질간질한 긴장감이 가시질 않았습니다.

아빠는 첫 만남을 앞두고 긴장하고 있을 큰딸과 예비 사위를 위해 편지를 써주셨어요. 결혼 이야기를 꺼내자 복잡미묘한 표정을 짓던 아빠가 걱정되는 마음이 있었는데, 그 편지를 통해 아빠의 넓은 그늘 아래 오히려 안정을 되찾게 되었습니다. 그렇게 제가 세상에서 가장 사랑하는 사람들이 한 자리에 모이던 날, 서로를 위하는 예쁜 마음들이 모여 모두가 행복한 첫 만남의 시간을 보낼 수 있었습니다.

To. 결혼을 앞둔 사랑하는 나의 딸 보인이에게

어느덧 네가 결혼을 앞두는 나이가 되었구나. 어릴 적 엄마 품에 안겨있던 네 모습이 아직도 생생한데, 이제 한 가정의 아내가 되고 누군가의 반려자가 된다는 것이 참 감격스럽기도 하고, 한편으로는 마음이 뭉클하기도 해.

사람은 태어나면서부터 묶인 존재로 살아간다. 처음엔 부모와 묶이고, 자라면서는 형제, 친구들과 묶이며 살아가지. 이때까지는 네가 선택할 수 없는 묶임이었지만 이제 네가 스스로 선택한 가장 중요한 묶임, '결혼'이 너를 기다리고 있어. 어른이 되어 부모를 떠나 결혼하면 아내는 남편과 하나가 되고, 남편 또한 아내와 하나가 된단다. 그러나 결혼은 단순한 동행이 아니야. 서로를 선택하고 책임지는 묶임이란 걸 기억해야 해.

성경에서 아내는 남편에게 순종하고, 남편은 아내를 죽기까지 사랑해야 한다고 말하고 있어. 하지만 결혼 전에는 모든 것이 좋아 보이다가도, 결혼 후에는 현실이 다르게 느껴질 수 있단다. 처음 사랑의 황홀함을 유도하는 도파민이 시간이 지나면서 급격히 줄어들고 서로의 한계가 보이기 시작할 때, 사랑이 흔들릴 수도 있어.

모든 것이 너보다 뛰어날 것 같았던 남편은 여러 부분에서 너보다 못할 수도 있다. 하늘의 별이라도 따주겠다고 약속했지만 천장의 전구 교체하는 걸 어려워할 수도 있지. 너의 약점까지도 사랑해 주겠다고 약속했을지라도 삶의 무게에 눌리면 약속을 잊을 수도 있어. 하지만 중요한 것은 그럼에도 그를 주인으로 섬기고 순종하고 복종해야 한다는 거야. 네가 사랑하고 존경하며 선택한 사람이라면, 그의 부족함까지도 품을 수 있는 용기를 가지길 바란다. 너의 엄마가 그랬던 것처럼 남편의 부족함까지 품고 섬기면 언젠가 자녀와 너를 위하여 목숨을 내어줄 수 있는 가장이 되고, 교회의 장로가 되고, 더욱 존경받는 사회인으로 자랄 거야.

아빠는 너를 믿는다. 네가 가진 지혜와 판단력을 믿고, 네가 선택한 사람도 믿으려 한다. 결혼은 쉽지 않은 길이겠지만, 너는 충분히 잘 해낼 거라 확신해. 네가 엄마에게서 배운 대로, 남편을 사랑하고 순종하고 존중하고 격려하며, 시댁 식구들을 따뜻하게 품을 줄 아는 사람이 될 것이라 믿는다.

하지만 혹시라도 삶이 너무 버겁고 힘들다면, 언제든 돌아와도 된단다. 아빠의 집은 언제나 네게 열려 있고, 네가 돌아올 방도 언제나 그대로일 거야. 그러니 부담 없이 네 삶을 꾸려가렴. 아빠는 늘 너를 응원하고 기도할 거야. 사랑한다, 우리 딸. 행복하길 바란다.

상대방과 갈등이 있을 때 현명하게 다루는 법

그릇의 크기가 같으면 계속해서 서로 부딪히게 되기 마련이야. 하지만 큰 그릇이 작은 그릇을 품으면 싸움이 일어나지 않는단다.

첫째, 감정을 빼고 사실부터 이야기하기.

무슨 일이 생기면 먼저 감정을 빼고 사실만 이야기하는 게 좋아. 그다음에 감정을 말하는 순서로 대화를 이어가야 문제가 풀린단다. 이 순서가 바뀌면 말이 감정에 묻혀서 서로 다치기 쉽지. 그래서 서로 감정을 눌러두고 사실만 말하고, 또 잘 들어주는 훈련이 필요해. 평소에 "우린 이렇게 하자"라는 합의도 되어 있어야 하고 말이지. 부부는 승부를 가리는 사이가 아니야. 경쟁하는 사이가 아닌 한 몸이란다. 그래서 누가 더 옳으냐가 아니라, 누가 먼저 낮아지느냐, 그게 더 중요한 거야.

둘째, 비겁하게 싸우지 말고, 정직하게 싸우기.

싸울 땐 꼭 정직하게 싸워야 해. 예를 들어서, 인신공격하기, 지난 과거의 일 다시 꺼내기, 말하지 않고 침묵으로 벌주기 등 이런 건 모두 비겁한 싸움이란다. 싸움은 문제를 해결하는 시간이지, 상대를 무너뜨리는 시간이 되어선 안 된다는 것을 명심해야 해. 문제를 해결하기 위해 함께 싸우는 것이 건강한 싸움이 될 수 있을 거야. 부부싸움을 할 때, 한편이 되어 싸워보렴. 서로를 향해 싸우면 둘 다 무너지게 된단다.

셋째, "해가 지도록 분을 품지 말라"(엡 4:26).

이건 엄마가 참 잘하는 비결인데, 싸움이 있더라도 그날은 그냥 덮고 조용히 넘어가. 싸움은 그날로 끝내는 것이지. 그러고 나서 며칠이 지나 분위기가 풀리고 아빠의 마음이 진정되었을 때, 그제서야 "그땐 이래서 속상했어"라고 이야기하는 거야. 말도 타이밍이 있어야 잘 전해질 수 있거든.

결국 살아보니 너희 엄마가 큰 그릇을 가진 사람이더구나. 너희도 앞으로 살면서 어쩔 수 없는 갈등이 생길 때는 위의 세 가지를 기억하렴.

To. 딸아이가 처음으로 손잡고 데려온 형제에게

처음 우리 딸이 태어났을 때부터, 우리 부부는 하나님께 기도해 왔어.

"좋은 만남을 허락해 주세요."
"좋은 친구들을 만나게 해주세요."
"좋은 선생님을 만나게 해주세요."
"좋은 교회와 목사님을 만나게 해주세요."

하지만 그 모든 만남 중에서도 가장 중요한 만남은, 우리 딸이 언젠가 믿음의 반려자를 만나는 것이었지. 그래서 기도할 때마다, 아직 알지 못하는, 어디선가 잘 자라고 있을 '그 멋진 형제'를 떠올리곤 했네. 하나님께서 그 형제를 잘 자라게 해주시고, 멋진 사람으로 빚어주시기를 간절히 기도하면서 말이야.

그리고 이제, 그 기도의 응답처럼 우리 딸과 함께 온 자네를 바라보니, 하나님께서는 그 오랜 기도에 응답하셔서 정말 멋지고 좋은 형제를 예비해 주셨다는 확신이 들어. 두 사람이 함께 이뤄갈 아름다운 가정이 참 기대되네.

우리 딸은 아마도 엄마를 닮아 남편에게 순종하고, 복종하고, 존중하고, 격려하며 가정을 따뜻하게 지켜나갈 것이네. 자네가 든든한 남편이 되고, 가정의 리더로서 믿음과 사랑을 실천한다면, 우리 딸은 더욱 기꺼이 남편을 섬기고, 힘을 실어주는 아내가 될 거라 믿네. 그리고 그 사랑 안에서 자네는 더욱 힘 있는 가장이 되고, 교회의 직분자로, 사회에서도 존경받는 사람이 될 수 있을 것이야.

자네도 알다시피, 성경은 남편이 아내를 사랑하기를 "그리스도께서 교회를 사랑하사 자신을 내어주심 같이" 하라고 말씀하셨어. 나는 자네가 우리 딸을 그렇게 사랑해 주길 바라. 끝까지, 변함없이. 그 사랑 안에서 두 사람의 가정이 평안하고, 기쁨과 감사가 넘치는 축복된 가정이 되길 앞으로도 기도하겠네.

자네를 가족으로 맞이하게 되어 참 감사하고, 멋진 자네를 만나게 해주신 하나님께 감사하네. 잘 왔네, 환영하네.

- 보인 아빠가

자녀는 하나님이
잠시 맡기신 영혼이야

가끔 엄마 아빠는 저와 동생에게 본인들이 어떤 존재인지 수줍게 질문하기도 해요. 때마다 기대하는 눈빛을 보면 열심히 과거를 회상하게 됩니다. '아빠는 세상에서 가장 멋진 사람, 엄마는 세상에서 가장 예쁜 사람' 같은 일차원적인 답을 시작으로 저희의 답은 세월이 지날수록 구체적이고 다양해졌어요.
무어라 답할지 고민하는 동안 엄마 아빠에게 있는 고마운 마음을 한 번 더 생각해 보게 되는 것 같습니다. 그리고 어느 날은 엄마 아빠에게 저와 예주가 어떤 존재인지 역으로 질문을 해보았어요. 우리는 엄마 아빠에게 어떤 딸들이었는지를요.

주일 예배 시작 전, 목사님께서는 항상 강복을 선언하신단다.

여호와는 네게 복을 주시고 너를 지키시기를 원하며 여호와는 그의 얼굴을 네게 비추사 은혜 베푸시기를 원하며 여호와는 그 얼굴을 네게로 향하여 드사 평강 주시기를 원하노라 할지니라 하라(민 6:24-26).

말씀 중에 '향하여 드사'라는 표현이 나오는데, 이것은 '계속해서 주시하다'라는 뜻을 가지고 있어. 아빠는 이 말씀을 잘 이해하지 못했단다. '왜 하나님께서는 계속해서 성도들을 주시하실까?', '왜 하나님께서 성도들을 계속해서 주시하시는 것이 복이라고 말씀하시는 걸까?' 하고 말이야.

이 궁금증은 보인이와 예주가 태어나서 처음 걸음마를 시작할 때 비로소 조금씩 풀리게 되었어. 너희가 첫발을 떼는 모습을 지켜보고 있자면, 엄마와 아빠는 자연스럽게 몸을 굽히고 두 손을 뻗게 되었던 거야. 서툰 걸음을 한발 한발 내딛다 균형을 잃는 순간에 넘어지지 않도록, 언제든 잡아 세울 수 있게 손을 뻗은 채 너희를 주시하고 있었던 것이지. 걸음마를 시작하는 아이를 둔 부모의 모습처럼 하나님은 그 얼굴을 우리에게 향하여 드사 평강 주시기를 원하고 계신단다.

이처럼 너희는 소중한 딸이자 하나님의 마음을 조금이나마 이해할 수 있게 해주는 유일무이한 존재란다. 아빠가 너희를 향해 늘 손을 뻗고 있는 것처럼 하나님도 늘 너희를 향하여 손을 드신다는 것을 항상 기억하렴. 너희들은 아빠가 하나님을 조금 더 알 수 있게 해준 존재이고 사랑이 무엇인지 알게 해준 아주 소중한 존재란다.

너희가 엄마 아빠에게 어떤 존재인지 글을 적다 보니 되려 너희들에게 엄마 아빠는 어떤 부모였을지 생각해 보게 되는구나. 예주가 다섯 살이었을 때 유치원에서 "아빠는 공부하고, 엄마는 청소해요"라고 표현했던 것이 기억나. 여덟 살이 되었을 때는 학교에서 "아빠는 의사이고, 엄마는 저희를 돌봐주세요"라고 했었지. 그리고 열두 살이 되었을 때 오랜만에 만난 고모에게 이렇게 말하더구나.

"아빠는 의사인데요, 날마다 저녁에 공부해요. 아침마다 성경을 읽고 묵상을 잘해서 존경해요. 가끔은 다른 의사 선생님들이 아빠 병원에 배우러 오면 친절하게 가르쳐 주세요. 엄마는 바빠요. 새벽엔 기도하고, 오전에는 병원에서 일하고, 오후에는 저희들 학원으로 데려다주시고, 저녁에는 식사 준비를 하고, 공부도 가르쳐 주세요."

그때 아빠는 너희가 어른이 되어서 엄마 아빠를 어떻게 소개할지 궁금했었어. 이제는 엄마 아빠가 천국에 간 후에 어떤 부모로 기억하고 추억할지도 궁금하구나. 너희가 어른이 된 지금, 엄마 아빠를 어떻게 소개하고 싶니?

자녀를 양육할 때 기억할 것

첫째, 자녀는 소유물이 아니라, 하나님이 잠시 맡기신 귀한 영혼이란다.

좋은 부모는 어떤 사람일까? 아빠는 이렇게 생각해. 자녀는 내 것이 아니라, 하나님께서 '잘 양육하라'고 잠시 맡기신 귀한 영혼이라는 사실을 기억하는 사람, 그 사람이 진짜 좋은 부모가 될 수 있단다. 사실 대부분의 부모는 정말 최선을 다하지. 더 좋은 환경을 주려고, 더 나은 교육을 시키려고, 더 안정된 미래를 만들려고 많이 애쓴단다. 그런데 마음 한구석에 혹시 이런 생각이 자리 잡고 있진 않을까?

"내 아이는 내 인생의 연장이다."

"내가 못 이룬 걸 이 아이가 이뤄야 해."

"이 아이는 내가 원하는 길로 가야 성공할 수 있어."

이런 생각들이 자리 잡기 시작하면, 자기도 모르게 아이를 '나를 위한 도구'처럼 여기게 된단다. 아이의 고유한 성향이나 속도는 무시되고, "빨리 가야 해", "남들보다 앞서야 해" 같은 강박만 남게 되지. 그러다 보면 아이는 점점 지치고, 결국은 마음이 무너질 수 있어.

성경은 자녀가 하나님의 소유라고 말하고 있단다. 우리는 그 아이가 잘 자라도록 곁에서 돕는 청지기(관리자)일 뿐이야. 내 방식대로 밀어붙이는 게 아니라, 그 아이 안에 하나님이 심어주신 뜻과 성향을 발견해서, 그 길을 함께 걸어주는 사람이 되어야 해. 이걸 잊으면, 결국 부모도 지치고, 자녀도 상처 입고, 둘 다 무너질 수 있어. 그러니 기억하렴, 자녀는 나의 것이 아니라 하나님이 맡기신 보물이란다.

둘째, 돌아온 탕자의 아버지처럼 사랑하렴.

'돌탕'과 '안탕' 이야기를 알지? 돌탕은 돌아온 탕자이고 안탕은 아직 집도 안 나간 탕자를 말한단다. 너희에게는 너무나 익숙한 이야기일듯 해. 우리집 거실에 오랜 시간 렘브란트의 〈돌아온 탕자〉 그림이 걸려있었으니까. 아빠는 돌아온 탕자 이야기를 정말 좋아해. 언제든 돌아갈 수 있는 고향과 돌아가면 나를 품어줄 수 있는 누군가가 있다면 그 인생은 아주 복된 인생이라고 생각한단다. 돼지가 먹던 쥐엄 열매도 얻지 못하고 배를 곯던 탕자였지만 그에게는 돌아갈 고향이 있었고, 언제든 자신을 품어줄 아버지의 품이 남아있었지.

아빠는 돌아온 탕자의 비유 속 아버지를 생각하면 늘 마음이 울컥해진단다. 큰 실수를 지지른 아들을 세상 모두가 욕해도, 언제든 돌아올 수 있는 집을 마련하고 아들이 돌아오기만을 간절히 기다렸던 아버지의 마음이 그 어떤 사랑보다 더 깊고 넉넉하다는 생각이 들어.

아들이 돌아오자마자 먼저 달려가서 끌어안고, "종으로 삼아달라"는 아들의 말을 막은 채 입을 맞추고 잔치를 베푸는 아버지, 기약 없던 그 잔치를 위해 언젠간 아들이 돌아올 날을 기다리며 송아지를 먹이고 키우던 아버지, 아빠는 그런 부모가 되고 싶었단다. 훗날 너희도 자녀에게 그런 마음을 품는 어른이 되었으면 하는구나. 잊지 말 것은 아버지의 집은 언제나 열려 있고, 성공해서 돌아오는 곳이 아니라 망해서, 혹은 쉬려고, 혹은 아버지가 그리워서 돌아오는 곳이란다.

셋째, 부모는 내 몸이 따라주지 못해도, 죽을 때까지 기도로 자녀를 안을 수 있는 특권이 있단다.

언젠가는 아빠도 나이가 들고, 몸이 약해지고, 할 수 있는 일들이 점점 줄어들겠지. 너희에게 더 많은 걸 해주고 싶어도 할 수 없는 때가 올 거야. 그렇지만 아빠에겐 여전히 기도라는 특권이 있어. 함께 있지 못하더라도, 곁에 없더라도, 언제 어디서든 너희를 위해 기도할 수 있을 거야.

하나님은 분명 그 기도를 들으시는 분이셔. 아빠는 너희를 하나님의 손에 맡기며, 기도로 너를 축복하는 부모가 되고 싶단다. 너희도 가진 특권을 잘 누리며 기도하고 축복하기를 멈추지 않는 부모가 되었으면 해.

교회에서 우리가 유아세례를 받을 때 엄마 아빠는 무슨 생각을 했을까요?

'돌탕'과 '안탕' 이야기를 아니?
아빠는 돌아온 탕자의 비유에 나오는
그런 부모가 되고 싶었단다.

Part 5.
직업과 소명, 하나님의 나라를 일터에서 살아내기

"예수님은 자기 직업(vocation)이었던 목수직을 충실히 감당하셨어. 육신의 아버지 요셉의 가업이었던 목수직을 그리스도께서도 이어받으셔서 공생애를 시작하시기 전까지 충성스럽게 그 사역을 감당하셨지. 아빠도 현재의 직업을 통해 하나님을 영광스럽게 하려고 애쓰는 것 같이 사랑하는 딸 보인이와 예주도 이후에 어떤 직업을 가지든 충실하고 적극적으로 그 직업을 통해 하나님의 나라를 섬겨가길 바란다."

억울할 일을 당할 때도
선으로 악을 이겨내렴

"안녕하세요! 함께 일하게 된 최보인입니다!"
대학을 졸업하고 처음으로 일터에 나갔을 때, 긴장된 마음을 숨기며 씩씩하게 인사를 건네면, 사람들은 제 나이를 궁금해했어요. 스물 넷, 지금 생각해 보면 어리고 서툰 모습이 감춰지기 어려웠던 것 같습니다. 그때는 자꾸만 나이를 묻는 사람들이 저를 쉽게 보는 것 같아 기분이 상하곤 했어요. 괜한 자존심에 길게 길렀던 생머리를 짧게 잘라 웨이브를 넣고, 옷과 화장도 성숙하게 꾸미려고 노력했습니다. 또 실수하지 않으려고, 무시당하지 않으려고 애를 쓰며 날카로운 시간을 보냈던 것 같아요. 저의 긴 머리카락을 예뻐했던 아빠는 갑자기 달라진 제 스타일을 보고 안쓰러움을 느꼈던 것 같아요. 그렇게 매일매일을 초

긴장 상태로 지내는 저에게 아빠가 보건소에서 지내던 이야기를 해주셨어요. 늘 완벽해 보이던 아빠에게도 그런 사회 초년생 시절이 있었다니, 아빠의 우당탕탕 사회생활 적응기는 저에게 큰 웃음과 위로가 되어주었습니다.

 1993년, 아빠가 첫 의사 가운을 입고 가게 된 곳은 시골 보건소였어. 버스에서 내려 걸어가는데 넓게 펼쳐진 논밭에서 열심히 일하고 있는 사람들이 보였단다. "벼농사인가요?"라고 묻자 웃으면서 이건 벼가 아닌 보리라고 답해 주셨어. 반나절 만에 벼와 보리도 구분 못하는 의사가 왔다고 온 동네에 소문이 났지.

 얼마 뒤에는 할머니 한 분이 진료를 받으러 오셨어. 불편한 증상을 묻자 "나 개짐머리 때문에 왔어"라고 대답하시더구나. 개짐머리가 뭔지 몰랐던 아빠는 개짐머리가 무엇인지, 증상은 어떤지 다시 물었고, 할머니는 "아무리 젊다 해도 개짐머리도 모르는 의사가 있당가… 그냥 갈라네"라고 하시면서 진료실을 나가버리셨어. 알고 보니 개짐머리는 감기를 뜻하는 지역 사투리였고, 아빠는 감기도 치료 못하는 돌팔이 의사로 소문이 났단다.

한창 바쁜 여름철에는 밭에서 피(벼와 함께 자라는 잡초)를 뽑고 계시는 분들을 도와드리려고 논에 들어간 적이 있었어. 하지만 이게 웬걸 피와 벼를 구별하기가 쉽지 않더구나. 가라지의 비유가 생각나기도 했지.

개짐머리도 모르는 의사로 근무한지 1년, 아빠는 마량이라는 작은 바닷가 마을로 발령을 받았어. 새로운 근무지에 도착한 첫날 각 기관에 인사를 드리고 나니 저녁 식사시간이 됐더구나. 그런데 이사 첫날이라 사택에는 먹을 것이 하나도 없었어. 고민하다 보건소 앞 바닷가에 신발을 벗고 들어갔지. 저녁 식사를 위한 꼬막을 열 개쯤 캐내고 있을 때, 몇 시간 전에 인사드렸던 경찰관이 오토바이를 타고 달려오셨어.

"선생님, 많이 캐셨어요?"

아빠는 질문의 의도도 모르고 대답했어.

"한 열 개 주웠는데 드릴까요?"

잠깐의 소소한 이야기가 오고 간 후에 그분은 웃으면서 가시더구나. 알고 보니 그곳은 마을의 공동 꼬막 양식장이었고, 어느 외지인이 꼬막을 캐니까 마을 주민이 신고를 한 것이었어. 그렇게 아빠는 발령 첫날부터 꼬막을 좋아하는 '꼬막도둑 의사'로 소문이 나게 되었어. 그날 이후 할머니들께서는 보건소에 진료를 보러 오실 때마다 꼬막을 한주먹씩 가져다주셨지. 오시는 분들마다 꼬막을 가져다주시니 매일 혼자 먹기 버거울 정도의 양을 먹어 해치워야 했어.

대학을 졸업하고 첫 사회생활을 시작한 너희를 보고 있자니 아빠가 처음 사회에 나갔던 때가 생각나는구나. 50대가 된 지금도 그때의 기억과 추억들, 또 그때의 묵상이 문득 떠오를 때가 있어. 너희에게도 먼 훗날 재미있게 추억할 수 있는 사회 초년생의 시기가 있길 바란다.

세상에서 억울한 일을 당하는 성도의 자세

너희가 세상에 나가 살아갈 때 억울한 일을 겪는 날이 분명 있을 거야. 사람들이 너희의 공로를 무시하거나, 너희가 수고한 것을 빼앗아 가고, 때로는 이유 없이 비난하기도 할 거다. 그럴 때 기억해야 할 것이 있어.

로마서 16장에는 수많은 이름들이 등장하는데, 그들은 모두 인생이라는 무대에 잠시 머물다 가는 배역들이란다. 우리의 인생을 하나의 무대라고 생각해 보면, 그 위에는 오직 성도와 위인들만 있는 것이 아니야. 주연 배우도 있지만, 이름조차 남기지 않는 엑스트라도 있고, 때로는 강렬한 악역도 있지. 아빠는 종종 인생이 한 편의 연극 같다고 느낀단다. 그리고 그 연극의 관객은 단 한 분이시지. 바로 예수 그리스도, 우리의 주님이셔. 우리는 그분 앞에서 삶을 살아내는 연기를 하는 거야.

성도의 삶은 단지 착하게 사는 것이 아니라, 거룩한 산 제사로 드려지는 인생이란다. 그것은 악에게 지지 않고, 선으로 악을 이기는 삶이야. 세상에는 자신들의 결핍을 채우기 위해 남의 것을 빼앗고 도둑질하는 이들이 있어. 왜냐하면, 그들에게는 채워주시는 아버지가 없거든. 하지만 너희는 그렇지 않아. 너희는 고아가 아니다. 너희에게는 넉넉히 채워주시는 하늘 아버지가 계셔. 그래서 빼앗을 필요도 없고, 억울해할 필요도 없단다. 오히려 이삭처럼 꼭 필요한 우물을 양보하고 또 양보할 수 있지. 결국엔 하나님이 채워주시기 때문이야.

아빠는 억울한 일을 겪을 때 이렇게 생각하곤 해.

"저 사람은 아버지가 없구나. 채워주시는 이가 없는 고아구나. 불쌍하다. 그러나 나는 아버지가 계신다. 가장 선한 것으로 넉넉히 채워주시는 분이 계신다."

십계명에 도둑질하지 말라는 계명은 이렇게 이해한단다.

"너 도둑질할 필요 없어. 내가 채워줄게. 빼앗긴다고 억울해하지 마. 그는 악역을 잘하는 거고 성도는 선으로 악을 이기는 선한 역할을 잘하면 돼. 내가 보고 있다."

그래서 상대에게 복수하거나 증오하지 않아. 대신 아버지를 바라보고, 아버지를 소망하고 선으로 악을 이기려 한단다. 이것이 성도의 인생이야. 너희도 그런 인생을 살아가렴.

To. 세상으로 나가는 딸들에게 (잠언 16:1-9)

사랑하는 예쁜 딸들아, 세상으로 나아가 살아갈 너희에게 해 줄 말은 행사, 악인, 재물을 하나님께 맡기라는 것이야.

첫째, 범사를 맡겨라 – 수고의 결과까지

> 마음의 경영은 사람에게 있어도 말의 응답은 여호와께로부터 나오느니라 사람의 행위가 자기 보기에는 모두 깨끗하여도 여호와는 심령을 감찰하시느니라 너의 행사를 여호와께 맡기라 그리하면 네가 경영하는 것이 이루어지리라 (1-3).

너희가 앞으로 공부를 하든, 일을 하든, 사람을 도우며 살아가든, 무엇을 하든지 간에 모든 일을 주님께 맡기렴. "무엇을 하든지"라는 말은 '범사'(凡事)를 의미해.

세상은 너희의 수고를 몰라줄 거다. 일이 잘되면 다른 사람이 그 공을 가로채고, 일이 실패하면 책임을 너희에게 전가하려 하지. 그러니, 결과에 집착하지 말고 모든 결과를 하나님께 맡겨라. 하나님은 공의로 판단하시고, 정직한 수고를 기억하시는 분이시란다.

둘째, 악인도 맡겨라 – 악에도 하나님의 뜻이 있다

> 여호와께서 온갖 것을 그 쓰임에 적당하게 지으셨나니 악인도 악한 날에 적당하게 하셨느니라(4).

악인도 그 용도가 있다는 말이란다. 성도의 길에는 반드시 악인이 나타나. 모세에게는 바로가 있었고, 이스라엘에는 바벨론이 있었지. 이들은 단순한 적이 아니라, 때로는 하나님의 진노의 막대기이자 성도를 연단하고 빛나게 만드는 도구야. 바로가 악역을 잘할수록 모세가 빛나니까 말이야. 악인은 악하기에 결국 망하지만, 그 존재조차도 하나님의 섭리 안에 있어. 그러니 원수를 보면 이를 갈며 증오하지 말고, 그도 하나님께 맡기렴. 그는 악인의 본분을 다하고 있는 거니까. 성도는 오직 자신이 하나님 앞에서 바르게 서 있는지를 살펴야 한단다.

셋째, 돈도 맡겨라 – 감사와 사랑으로 살기

적은 소득이 공의를 겸하면 많은 소득이 불의를 겸한 것보다 나으니라 사람이 마음으로 자기의 길을 계획할지라도 그의 걸음을 인도하시는 이는 여호와시니라(8-9).

돈이 많든 적든, 부유하든 가난하든, 성도는 의롭고 감사한 마음으로 살아야 해. 세상은 돈을 신처럼 여기고 물질로 사람을 판단하지. 또 빼앗으려 한다. 그러나 너희에겐 돌보시는 하늘 아버지가 계셔. 빼앗을 필요 없이, 나누어주어도 또 채워주시는 분이 계신다. 그러니 염려하지 말고, 돈도 맡기렴. 돈이 적을수록 더 정직하고 따뜻하게 사랑하며 살 수 있는 기회가 되기도 한단다.

사랑하는 딸들아, 우리의 판단은 때때로 흐리지만, 하나님의 판단은 언제나 옳고 높단다. 우리의 계획보다 주의 뜻이 더 높고, 우리의 눈에 보이는 길보다 주의 인도하심이 더 정확해. 너희의 인생길, 그 수고와 열매와 갈등과 고난까지도 모두 하나님께 맡기렴. 하나님은 너희의 중심을 아시고, 반드시 갚으시는 분이시니까.

한 인생이 소명을 따라
산다는 것의 의미

아빠 병원에서 함께 일을 하게 되면서 저는 부모님과 간호사 이모들의 삶을 가까이에서 보게 되었어요. 주중에는 의사와 간호사로서 최선을 다해 환자를 케어하고, 주말이면 교회에서 장로, 목사 사모, 권사, 집사의 역할을 다해내는 그분들의 일상을 보고 있으면, 순간순간 보여지는 삶의 아름다운 모습들이 많은 배움을 줍니다. 그동안 '소명'이라는 단어는 어딘가 특별한 사람만의 이야기 같았어요. 목사님이나 선교사님, 아니면 무언가 대단한 일을 하는 사람들만이 갖는 단어인 줄 알았거든요.
지금은 생각이 조금 달라졌습니다. 병원 식구들의 모습을 보면서 소명은 꼭 거창한 무대에서만 이루어지는 게 아니라, 지금 내가 선 자리에서 충실하게 살아가는 것, 그것이 하나님께 받은 부르심에 응답하는 삶일 수 있겠다고 생각하게 되었거든요.

한 인생이 소명을 따라 산다는 것은 무엇일까? 아빠가 오랫동안 고민하고 탐구하던 중 성경 진리를 통해 깨달은 바가 있는데 이후에 너희가 아름다운 엄마가 되고 또한 할머니가 되었을 때도 기억되는 글이 되면 좋겠구나.

우리의 유한성을 잘 아셨던 주께서는 무한하심에도 불구하고 친히 이 땅에 유한한 육신을 입고 오셨어. 그리고 당신을 통해, 영원을 살도록 우리를 부르셨단다. 그렇게 영원을 향해 사는 삶이란 다름 아닌 무한하신 당신의 본을 따라 그리고, 뜻과 교훈을 따르는 삶이야.

사실 그전에도 하나님께서는 수없이 친히 말씀하시고 선지자들을 보내어 말씀하기도 하셨어. 하지만 유한한 이해에 매여 있던 우리가 그 고귀한 가르침을 전혀 깨닫지 못하자, 이제는 친히 우리와 같은 육신을 입고 이 땅에 오셨지. 우리로 유한에만 매여 있지 않도록, 무한하신 당신께서 친히 우리가 알 수 있는 유한이 되어주심으로 당신을 보고, 알고, 배우고, 따라 살도록 인도하셨단다. 이것이 얼마나 큰 은혜이고 복인지를 일평생 알고 누리는 너희가 되기를 기도해.

십자가에서 보이신 그리스도의 모본

친히 육신을 입고 우리와 같이 되심으로 가르쳐 주신 영원에 속한 삶은, 다름 아닌 자기희생이자 자기 부정이며 그리고 마침내 십자가에서 죽으심이셨다. 여기서 우리가 배울 그리스도의 자기희생에 대해 다음과 같이 다섯 가지로 설명할 수 있어.

첫째, 먼저는 주께서 자기 직업(vocation)이었던 목수직을 충실히 감당하셨다는 사실이야. 육신의 아버지 요셉의 가업이었던 목수직을 그리스도께서도 이어받으셔서 공생애를 시작하시기 전까지 충성스럽게 그 사역을 감당하셨지. 이러한 모본은 우리에게도 적용되는데, 아빠도 현재의 직업을 통해 하나님을 영광스럽게 하려고 애쓰는 것 같이 사랑하는 딸 보인이와 예주도 이후에 어떤 직업을 가지든 충실하고 적극적으로 그 직업을 통해 하나님의 나라를 섬겨가길 바란다.

둘째, 그 직업을 통해 갖게 되는 수입에 대해 우선은 하나님께 감사를 돌리고, 그다음으로는 나 자신만을 위해 사용하기보다 반드시 주변의 연약하고 현실적으로 어려운 분들을 섬기는 데 잘 사용되도록 해야 해. 그러기 위해서는 현실에서 다소

검소하고 부족한 듯 살더라도, 돈과 소비를 지향하기보다는 내 주변의 사람들과 함께 살아가도록 돈을 하나님께서 주신 선물로 여겨야 한단다. 그럴 때 적은 물질로도 부요함을 누릴 수 있으리라 확신해. 그리고 그러한 당당함으로 가난하던 부요하던 주만 섬기는 가정이 될 때, 주께서 모든 것을 채워주실 줄 믿는다. 그렇게 당당하고 자부심 넘치는 삶이 되기를 기도해.

셋째, 그 직업과 물질 사용에 더하여, 전체의 삶에 대한 지향과 내용 그리고 구체적인 방식 등이 모두 하나님의 영광을 위해야 함을 잊지 않기를 바란다. 하나님의 영광을 위해 산다는 것이 듣기보다 참 어려운 일이지만, 그럼에도 너희가 살아가는 삶이 하나님께서 하늘에서 보시고 기뻐하실 만하기를 소망해. 아빠 엄마뿐 아니라 주변의 너희를 사랑하는 분들과 친구들이 "아— 보인이와 예주는 정말 하나님을 기쁘게 하는 삶을 사는 구나" 하고 인정할 수 있는 삶의 지향과 내용 그리고 삶의 방식이기를 기도할게.

넷째, 이렇게 한 인격이 하나님 앞에서 온전한 독립적 존재로 서게 될 때, 더불어 생각해야 할 것이 바로 가정을 이루는 일이란다. 주께서 이미 가장 적합한 배우자를 예비하셨음을 믿으며, 어떤 배우자요 남편을 맞이하든, 하나님 앞에서 신실한 자매이자 아내이며 가정을 돌보는 여성으로서 자신을 가꾸기를 즐거워하기를 바란다. 물론 지금은 페미니즘에 따라 여성주의라는 문화가 가득하지만, 실로 성경이 말씀하는 바에 따르면 하나님께서는 온 우주에도 질서를 주신 것처럼 가정에도 남편과 아내가 상호 존중하되 특별히 남편은 아내를 위해 자기를 내어주기까지 사랑하도록 하시고 아내로 하여금은 주께 하듯 남편을 존경하게 하셨음을 잊지 말기를 바란다.

다섯째, 이제 마지막은 이후에 만나게 하실 자녀들을 위한 기도가 얼마나 중요한가 하는 것이야. 그건 한 여성으로 나게 하신 하나님의 큰 뜻을 발견하는 일이지. 종교개혁의 정신을 이어온 영국과 미국의 청교도들이 그러했듯이, 그 전통하에 복음을 전파한 한국 복음 초기의 여성들은 모두 기도의 어머니이자 말씀의 양육자로 자녀들을 돌보았단다. 그 열매를 한국교회와 지금 우리가 보고 있는 거야. 하지만 언제부터인가 그러한 기도가 줄어들고 자녀들에게 현실적인 성취를 강조하면서, 점점 미래 세대에 일어날 하나님 나라의 백성들에 대한 기대가 줄어들고 있어. 따라서 너희를 통해 하나님께서 일으키신 믿음의 가문과 신앙의 계보들이 마치 룻처럼 이어져가기를 바란다.

그리스도께서 하늘에서 보시고 기뻐하실 모습

우리 주님은 그리스도께서 우리 구원을 위해 하늘 보좌를 버리시고 이 땅에 오셨듯이, 하나님의 백성들이요 당신의 제자들이 그렇게 자신을 낮추고 오직 주님만 높이는 겸손한 삶을 이어 살기를 바라신단다.

본성상 다들 높아지고 싶고 나아지고 싶은 터라 그렇게 겸손한 그리스도의 모습은 분명 사람들이 선호하는 삶은 아닐 거야. 그래서 많은 이들이 주저하는 삶이로되, 중요한 것은 우리를 이 땅에 내시고 우리를 위해 죽으셨으며 지금도 하나님 보좌 옆에서 우리를 위해 중보하시는 주님께서 가장 기뻐하시는 삶이라는 것이지. 즉 이 땅에서의 삶은 유한하되 주님과 함께할 삶은 무한하기에, 그 무한에 맞추어 오늘을 살아가는 삶이야말로 주님의 지혜를 가진 자들이 누릴 수 있는 가장 복된 삶이란다. 마침내 다시 오시고 우리가 하늘에서 만나 영원히 함께 살아갈 주님이 모본을 보이셨던 삶, 그리고 제자들이 따라간 삶이기에 더욱 그렇지. 그 길을 힘껏 걷는 너희들이 되기를 아빠는 간절히 기도한다.

내 배만 채우는 것으로
끝나지 않는 인생을 살기를

신앙을 가지고 사회에 첫발을 내디뎠지만, 막상 현실에서 부딪히는 문제들은 생각보다 복잡하고 냉정했습니다. 성실히 일하고 하나님 뜻 안에서 바르게 살고 싶었지만 때로는 눈앞의 성과를 위해 신념을 내려놓아야 할 상황도 생기고, "네가 아직 잘 몰라서 그래, 원래 다 그런 거야"라며 저를 주저앉게 하는 말들이 큰 부담으로 다가왔어요. 신앙과 현실 사이에서 마음이 흔들리고 있을 때, 사회생활에서 어디까지 타협하고 살 것인가에 대한 생각이 계속 머리에 머물렀던 것 같습니다. 하나님을 신뢰하며 뜻을 따라 살아가고 싶지만 결과가 보이지 않을 때, 외롭고 막막할 때, 정말 이 길이 맞는 걸까 하는 흔들림이 찾아왔던 거예요. 그래서 현실과 타협하지 않는 선명한 기준과 강한 고

집이 있는 아빠의 이야기에서 용기와 방향을 얻고자 했습니다.

2001년, 병원 개업을 앞두고 엄마 아빠는 몇 가지 기도 제목이 있었어.

"전세금 5000만 원 안에서 병원 자리를 주세요."

"주일성수를 하려면 장날이라도 병원 문을 닫아야 하니, 장이 열리지 않는 곳으로 병원 자리를 주세요."

한 분의 소개로 기도 제목에 딱 맞는 병원 자리를 보게 됐는데, 어떤 분은 그 자리가 빈들 같고 흐르는 곳이어서 사람이 모이지 않는 자리라고 말리시더구나. 치과도 약국도 없는 자리에 무슨 병원이냐는 조언은 사실 맞는 말이었어. 하지만 그동안 기도한 조건 그대로 응답되었으니 합리적인 세상 기준에 따르지 않고 병원을 열기로 했지. 실제로 병원을 개업하니 병원을 찾는 환자 수가 아주 적었어. 그래서 처음에는 1시간씩 상담을 하기도 하고, 2시간 동안 환자 한 명을 치료한 후 1,500원을 받기도 했단다. 아빠는 저녁 진료를 마칠 무렵이면 그날 진료한 환자들을 생각하면서 한 분 한 분을 위해 기도를 했어. 상태가 걱정되는 환자에게는 전화를 걸어 상태를 묻기도 했지.

그러던 어느 날 기침하시는 할머니 환자의 이름이 계속 마음속에서 떠나지 않았어. 주사와 약을 드린 다음 날 다시 오셨는데 효과도 없고, 흉부 엑스레이 결과에는 아무런 이상이 없었단다. 기도를 하던 중 문득 할머니를 가까운 종합병원에 보내 추가 검사를 해야겠다는 생각이 들었어. 전원 후 종합병원에서 수십만 원을 들여 흉부 CT 검사를 했는데, 또 검사 결과는 아무 문제가 없는 거야. 돈만 들었다며 투덜거리는 할머니와 보호자에게 이번엔 100km 정도 떨어진 곳에 위치한 대학병원에서 CT 검사를 한 번만 더 해보자고 설득했어. 결국, 대학병원에서 폐암을 진단받으셨단다.

며칠 뒤 출근을 하는데 병원 대기실에서부터 입구 계단까지 할머니들이 줄을 서서 기다리고 계셨어. 폐암 진단을 받은 할머니 이야기가 와전되어 만 원만 내면 암 진단을 받을 수 있는 병원이라고 소문이 난 거야. 한 분 한 분 상황을 설명하고 할머니들을 돌려보내느라 간호사 이모들이 한동안 고생을 했었지. CT 검사 없이도 암 진단을 내릴 수 있는 기적 같은(?) 병원은 못 되었지만 그 일을 계기로 병원이 잘되기 시작했어. 순천에서 병원을 마무리하던 시점에서는 광주, 광양, 여수, 고흥, 진도, 나주 등지에서 소문을 듣고 멀리까지 작은 병원을 찾아와

주시는 분들도 계셨지. 가끔은 너무나도 큰 기대치에 종종 도망가고 싶은 마음이 들기도 했지만 매일 하나님께 감사한 마음이었단다.

  10여 년의 시간이 지나고 병원을 다른 지역으로 옮겨야 하는 때가 왔을 때, 병원 폐업을 공지하니 많은 할머니들이 병원을 찾아와 울고 가셨어. 엄마가 이별 선물로 손수건을 수백 장 준비해서 한 장씩 나누어드리며 감사의 마음을 전하기도 했단다. 몇몇 분들은 병원 이전 계획을 물으시며 경상도까지 찾아가겠다고 하셔서 말씀만으로라도 참 고맙고 행복한 시간을 보냈던 것 같아.

  폐업하는 날 아침, 말씀을 묵상하는데 마태복음 14장 13-21절에 빈들에 모인 사람들의 이야기를 보았단다. 그곳에는 예수님이 행하신 기적이 있었는데 그날 묵상 본문이 꼭 아빠에게 해주시는 말씀처럼 느껴졌어.

  빈들일지라도, 떡 몇 개뿐일지라도, 주님이 함께해 주시면 배부르게 먹고도 남는 인생이 돼. 그러니 당장 눈앞의 현실과 타협하기 보다, 기도 응답으로 배부른 인생이 되었을 때 내 배만 채우는 것으로 끝나지 않는 그런 인생을 살길 바란다.

생업에 필요한 세 가지
동역자, 공부, 그리고 물맷돌

자랑을 하나 해보자면, 저는 '이모'가 참 많아요. 갓난아기 시절부터 엄마와 함께 저를 돌보아준 친이모들, 교회에서 만나 가족 같이 지내는 이모 권사님들, 그리고 아빠의 병원에서 일하는 간호사 이모들까지 오랜 시간 저를 사랑받는 아이로 만들어준 소중한 분들이에요. 어떤 사람들은 아빠의 동료들을 이모라고 부르는 것이 과하다고 말하지만, 짧게는 13년, 길게는 20년이 넘게 한솥밥을 나눠먹는 식구로 지낸 이모들은 저에게 또 다른 모습의 가족이 되었습니다.

동네 할머니 할아버지들, 전국 각지에서 오신 환자분들과 가끔은 외국에서 오시는 환자분들까지, 작은 시골 동네에 있는 아빠 병원은 늘 사람들로 북적입니다. 그리고 바삐 돌아가는 병원 풍경에 단연 눈에 띄는 것은 호흡이 척척 맞는 아빠와 간호사 이모들의 모습이에요. 작은 병원의 원장이자, 한 사업체의 오너인 아빠에게 좋은 동료들을 만나는 방법과 병원 운영이 잘 되는 특별한 비결을 묻고 싶었습니다.

 감사하게도 하동 참사랑연합의원은 여전히 많은 사람들로 북적이고 있단다. 나름대로 생각해 본 '병원이 잘 되는 이유'를 몇 가지 이야기해 줄게.

 먼저, 우리 병원에는 좋은 직원들이 있단다. 순천에 개업을 하고 물리치료사를 구할 당시 엄청난 구인난이 있었어. 주변 의원들도 수개월째 물리치료사를 구하지 못해 어려움을 겪고 있었는데, 아빠는 하나님께서 남겨두신 이가 있을 거라고 생각했고 기도로 구인광고를 준비했어.

 물리치료사 구함
 크리스천만 지원 가능, 섬기고 있는 교회 목사님 추천서, 이력
 서 지참 필수

주변 원장님들은 구인난이 이렇게 심각한데 이런 광고를 보고 누가 찾아오겠냐고 아빠를 놀렸어. 하지만 광고를 보고 찾아온 사람이 있었고, 그때 함께 일하기 시작한 사람이 바로 너희가 좋아하는 '물치 이모'(물리치료사 이모)란다. 미혼일 때 함께 일을 시작해서 이제는 아들이 군대에 갔으니 아주 긴 세월이 흘렀지.

병원을 운영하는 동안 하나님께서는 좋은 직원들을 만나게 해주셨어. 지금도 병원 직원 모두가 하나님 앞에 바른 신앙을 가지고 각자의 사명으로 여기며 일하고 있단다. 한 달에 한 번씩 모든 직원이 병원에서 다같이 예배를 드리고, 우리가 환자를 대하는 마음, 의료 현장에서 발생하는 어려운 마음을 다잡는 시간을 가지고 있어. 다음은 우리 병원에서 가장 오랫동안 일해온 물치 이모가 병원 예배에서 나눠준 묵상글이야. 이모의 글이 큰 감동을 주었단다.

아들의 감사헌금

이번 주 아들의 감사헌금 봉투의 제목은 "반장되게 해주셔서 감사합니다"였습니다. 아들은 중학생도 아니고 초등학생도 아닙니다. 유치원 7세 '용궁반'의 반장이 된 것입니다. 용궁반의 반장은 한 학기 동안 쭈욱 하는 것이 아니라 주 단위로 바뀌는 자리입니다. 제가 볼 때는 그리 큰 자리도 아닌 것 같은데 아들은 용궁반의 첫 번째 반장이라는 점에 의미를 부여하며 아주 좋아했습니다. 그리고 큰 감사의 제목을 붙였지요. "또 하고 싶다"면서요.

아들에게 반장이 되니 뭐가 제일 좋은지 물어보았습니다. 저는 민우가 "차렷, 인사"도 하고, 선생님 지시에 따라 아이들에게 뭔가를 시킬 수도 있는 게 좋다고 할 줄 알았습니다. 그런데 아들의 대답은 의외였습니다. 반장이 되어 선생님의 심부름도 하고 아이들을 도와주는 것이 참 좋다는 것이었죠.

어른들은 편해지려고만 하고 시키는 것에만 익숙해져 있습니다. 그런데 아들은 반장이라는 자리를 통해 다른 사람을 도와주고 사랑을 나누는 행함이 자신에게 더 큰 기쁨이 된다는 것을 알았나 봅니다. 그리고 그것이 주의 은혜인 줄 알고 감사할 줄 알았습니다. 그리고 저에게도 가르쳐 주었습니다. 어른들이 더 잘 알고 행동해야 하는데, 아들을 보면서 제가 얼마나 교만했는지 깨달았습니다. 저에게 있는 달란트를 주의 이름으로 제대로 쓰지 못했고, 감사할 것에 감사하지 못했으며, 은혜가 은혜인 줄 모르며 살아가고 있었습니다. 엄마라는 자리, 집

사라는 자리, 물리치료사의 자리가 누구보다도 섬김의 자리이고 예수님 사랑을 전하는 자리가 되어야 함에도 말입니다.

… 그래서 마음먹었습니다. 누가 시켜 주지는 않지만 저도 민우처럼 제가 있는 자리에서 반장이 되어야겠다고요. 그래서 아침에 쌀을 씻고, 점심을 준비할 때 밥 뜨고, 국 뜨고, 숟가락, 젓가락 놓으면서 기도하기로 마음먹었습니다. 참사랑 식구들과 함께 하나님께 받은 사랑을 주위에 나눌 수 있는 하나님의 자녀로 살고 싶습니다. 섬김의 기쁨과 나눔의 은혜를 느껴보며 아들의 감사함이 내 믿음의 고백이 될 수 있기를 소원해 봅니다.

물리치료사 선생님을 비롯해 다른 선생님들도 하나님이 주신 소중한 동역자들이란다. 한 공동체로 마음을 모으게 하시고, 한뜻으로 하나님의 일들을 감당하게 하시니 매일 감사하는 마음으로 출근하고 있어. 선생님들의 평균 근무 기간이 16년 정도 되니 베테랑 중에 베테랑이지.

두 번째, 아빠는 끊임없이 공부하고 또 공부해. 어느 날 예주가 유치원에 다닐 때 아빠는 왜 매일매일 공부를 하는 거냐고, 어른이 돼서도 계속 공부해야 한다면 너무 슬프다고 말했었지? 의학은 계속해서 발전하고 사람이 가진 질병은 끝이 없어. 그래서 때에 따라 필요한 세미나를 찾아 공부하기도 하고, 새롭게 소개된 논문들을 읽으면서 의학 지식의 폭을 넓혀나가고 있단다. 접해 보지 않은 새로운 케이스의 환자가 찾아오면 관련 논문과 서적들을 찾아 치료의 방향성을 찾는데, 도저히 혼자서 답을 찾을 수 없을 때는 논문을 쓴 전 세계 교수님들과 박사님들에게 이메일을 보내기도 해.

"안녕하세요. 저는 극동의 한국에서 환자를 치료하고 있는 의사입니다. 대도시와는 거리가 먼, 시골 병원을 운영하고 있습니다. 최근 **증상이 있는 환자가 저희 병원을 찾아와 저는 **의 방법으로 환자를 치료하고 있습니다. 하지만 치료 효과가 좋지 않아 관련 내용을 공부하는 중에, 당신이 이 분야에서 세계적인 권위자임을 알았습니다. 혹시 치료의 방향성을 제시해 주실 수 있을까요? 당신의 조언에 따라 이 환자를 잘 치료해 보고 싶습니다. 환자의 상태가 호전되고 증상을 해결하는 좋은 효과를 보인다면, 이 환자의 케이스를 당신의 연구 논문에 사용할 수 있도록 얼마든지 자료를 정리하여 제공하겠습니다……."

내가 당신의 경쟁자가 아님을 명확하게 하고 도움을 구하면 가끔 긍정적인 답변이 오기도 해. '이제 되었다' 생각하고 교만한 마음을 가지지 말 것, 스스로의 부족한 부분을 냉철하게 파악하고 끊임없이 자기계발에 힘쓰는 것은 너희가 어느 분야에서 일하든지 중요한 요소가 될 거야.

마지막 가장 중요한 세 번째, 하나님께서 당신의 사역자들을 치료하는 데 진짜 돌(진석)을 들어 사용하고 계시기 때문이야. 아빠는 이름이 '진석'이어서 어릴 적 친구들로부터 진돌이, 짱돌 같은 '돌'과 관련된 별명으로 불리곤 했어. 할아버지께서는 참되게 자라라는 뜻으로 '참진, 클석'을 한자로 이름을 지어주셨는데, 초등학생들에게 진석은 그냥 돌멩이와 같은 뜻이였던 거야. '진짜 돌멩이'였던 아빠는 어느 날 물가에서 누군가에게 들어 올려졌어. 그리고 빙빙 돌려져 바람을 가르며 멀리 던져졌지. 마치 골리앗의 이마를 강타한 다윗의 돌멩이처럼 말이야.

다윗이 물맷돌을 집어 들어서 골리앗과 싸운 것처럼 하나님은 우리 병원을 통해 많은 교회와 사역자들을 치료하고 계신단다. 위중하고 다양한 환자들과, 수명이 얼마 남지 않은 말기 암 환자, 책에서만 보았던 희귀병 환자들이 병원을 찾고, 유력한 병원 몇 곳에서도 원인을 찾지 못한 고통스러운 증상들을 가지고 온 환자들을 마주하고 있어. 치료가 너무 어려운 환자군을 대할 때면 아빠도 덜컥 겁이 나곤 하지만, 그럴 때마다 치료하시는 도구로서 최선을 다하자고 마음을 다잡는단다. 그리고 하나님께서 친히 치료해 주시기를, 아빠에게 치료 방법을 생각나게 해주시고 치료에 은혜를 더해 주시기를 기도해.

우리는 하나님의 도구로 잠시 사용될 뿐이야. 주께서 쓰시겠다고 하시면 감사히 드리자. 우리는 다만 하나님의 백성들을 위로하고 치료하시는 도구가 되는 달란트를 받았을 뿐이라는 것을 기억하렴.

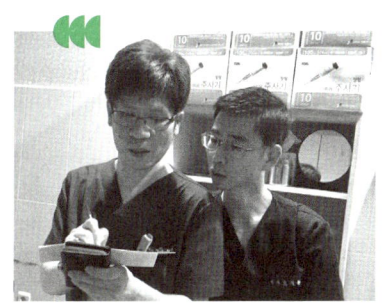

아빠 곁에는 좋은 친구이자 오랜 동역자 분들이 많아요

치열한 경쟁사회에서도
공부해서 남 주는 삶을 살아라

대학 입시반에서 하루하루 치열한 생활을 보내던 날, 우연히 같은 반 친구의 자기소개서를 읽게 되었어요. 그리고 저는 당황스러운 상황을 마주하게 되었습니다. 중고등학교 내내 동아리 팀장으로 활동하며 가졌던 제 경험들을 본인의 경험으로 포장해 거짓말을 하고 있었기 때문이에요. 저와는 다른 대학을 목표로 하고 있는 친구였지만, 땀 흘리며 열심히 노력한 저의 지난 시간들을 우습게 여기는 것 같아 화가 났습니다.

하지만 전 끝내 그 친구에게 자소서에 대해 따져 묻지 못했어요. 모두가 간절하게 대학입시를 준비하고 있었기 때문에 자기소개서를 꾸며낸 친구의 마음도 마냥 편하지 못했을 것을 알았기 때문입니다. 또한 저 역시 비슷한 상황에서 완벽하게 정직할 수 있을지를 생각해 보면 자신이 없었어요.

치열한 경쟁사회에서 하나님의 모습을 닮아가려 애쓰는 신자의 삶은 매우 고단한 것 같습니다. 수많은 유혹에 흔들리기 십상이고, 끝이 없는 경쟁에 지쳐서 우리가 살고 있는 이 사회를 원망하며 회피하기도 해요. 하지만 신자는 치열한 경쟁사회에서 더욱이 구별되어져야 합니다. 쉽지 않은 일이라는 것을 잘 알기에 아빠의 이야기를 듣고 싶었습니다.

아빠가 몇몇 곳에서 강의 요청을 받아 세미나 준비와 강연으로 한참을 바쁘게 지내던 중에 일반과 의사선생님들에게도 강의 요청을 받게 되었단다. 우리나라 의료 시스템은 대부분 전문의들이 중심에 있어서 일반과 선생님들이 상대적으로 배움의 어려움에 처해 있어. 각 과의 전문의 선생님들은 자신들만의 치료법과 노하우를 외부로 공유하지 않았고, 특히 피부과나 비뇨기과는 같은 과는 전문의가 아니면 세미나에 참석할 수 없도록 시스템을 만들어둔 상황이었지.

너희 엄마에게 묻자 꼭 가서 강의를 하고 오라고 하더구나. 예수님께서 몸소 그렇게 하셨고, 또 그렇게 하라고 말씀하셨던 내용을 상기시켜 주는데 아빠도 무조건 거절하지 말고 고민해 봐야겠다는 생각이 들었어.

일반과 선생님들이 모여 있는 인터넷 카페에 들어가 보니 또 마음이 아팠던 것은 교회를 향한 비난과 비방의 글이 너무나도 많이 올라와 있다는 것이었어. 고민하고 기도하다가 아빠는 그곳에서도 복음을 전하기로 다짐했단다. 매일 아침마다 기도문이나 묵상글을 올리기 시작했고, 일반과 선생님들이 궁금해할 임상 경험이나 치료법도 공유했어. 복음을 싫어하는 분들도 분명 계셨지만 묵상글을 좋아해 주시는 분들도 조금씩 생기고 아빠의 작은 지식을 필요로 하시는 분들도 생겨났지.

나중에 보니 아빠가 2008년 6월 24일부터 시작해 약 8,000여 개의 글을 올렸더구나. 그 결과 지금은 그 카페에 교회에 대한 욕이 거의 올라오지 않게 되었어. 그리고 아빠는 카페에 좋은 의학 자료를 지속적으로 올려야 했기 때문에 계속 공부할 수밖에 없었는데, 공부하고 가르치면서 아빠의 실력도 점점 좋아지더구나.

돌아보니 하나님께서는 그 모임에서 쫓겨나지 않도록 많은 지혜를 허락해 주셨던 것 같아. 논문을 몇 개 읽으면 그 논문들이 연결되어 치료법이 완성되기도 하는 기적같은 일들을 수차례 경험하기도 했지. 또 묵상글을 올려야 하니 성경의 주석도 공부해야 했고 다양한 책을 읽어야 했는데, 훗날 그때 읽은 책들의 저자들을 만나게도 하셨어. 지식을 나누어 드리려다 더 풍성해진 은혜를 경험한 거야.

공부해서 남 주면 나의 지식이 더 커지고 복되다는 것을 잊지 말아라. 성도는 경쟁사회에서 남을 밀어내고 승리하는 자가 아니라, 자신이 노력하여 성취한 것들을 아낌없이 나눠주는 존재가 되어야 해. 그 과정에서 하나님이 우리를 돌보이게 해주신다면 좋기도 하겠지만, 그리 아니하실지라도 감사하는 너희가 되었으면 하는구나.

공부해서 남 주라는 가르침을 늘 생각하게 돼요

허무함을 충만함으로
바꾸는 것은 결국, 사랑이야

중학생 때 저는 원대한 꿈을 가지게 되었어요. 가치있는 다큐멘터리를 만들어 사람들을 감동시키는 일을 하고 싶었습니다. 꿈을 위해 신문방송학을 전공했고, 오랜 시간 여러 가지 활동과 경험에 몸을 사리지 않았어요. 그리고 마침내 원하던 분야에서 일을 하게 되었습니다. 하지만 그 이후의 삶은 제가 생각했던 대로 흘러가지 않았어요. 회사에서는 '의미있는 일'보다 매출과 성과를 위한 작업을 주로 진행했고, 저에게 어떤 특별한 사명감을 요구하지 않았어요. 어쩌면 너무나도 당연한 상황이었지만, 제가 상상하던 모습과는 많이 다른 현실에 익숙해져 가는 저 자신을 보면서 때때로 자괴감이 들기도 했습니다.

아빠처럼 의사라는 특별한 직군이 아닌, 일반 직장인에게 생업에 신앙을 적용시키는 것은 불가능하다고 생각하기도 했어요. 하지만 아빠와의 이야기를 통해 저는 생각을 확장시킬 수 있었습니다. 제 직업 특성상 많은 사람을 만나게 된다는 것에 중점을 두고 내가 만나는 모든 사람을 주께 대하듯 해보자, 나 역시 하나님의 즐거움이 되기 위해 노력해 보자, 라고 다짐해 보았습니다. 그러자 일터에 대한 생각이 확장되고 이전과 전혀 다른 마음으로 출근길을 나설 수 있게 되었어요.

아빠 명함 뒤에는 스스로를 표현할 수 있는 성경 구절이 하나 적혀 있단다.

> 땅에 있는 성도들은 존귀한 자들이니 나의 모든 즐거움이 그들에게 있도다(시 16:3).

전능하신 하나님께서 우리를 '존귀한 자들'이라고 표현해 주시는 사랑의 고백이 얼마나 감격스러운지 몰라. 기독교 세계관을 공부하고, 신앙을 가진 의사로서의 의료관을 정립해 가면서 시편을 읽는데, 이 구절이 아빠의 마음에 큰 감동을 주면서 아빠의 모든 세세관과 의료관을 한 문장으로 정리해 준다고 생각했단다.

　사람마다 세상을 바라보는 저마다의 '안경', 즉 '창'을 갖고 있어. 노란 안경을 쓰면 온 세상이 노랗게 보이고, 빨간 안경을 쓰면 온 세상이 다 붉게 보이는 것처럼 우리가 어떤 안경을 가지고 있는가에 따라 세상을 대하는 마음가짐과 삶의 태도가 달라진단다. 창세기 말씀을 보면 어느 날 뱀이 하와에게 어떤 안경을 씌워주는 이야기가 나오는데, 하와는 뱀이 씌워준 안경 때문에 어제도 봤고 그제도 봤던 선악과를 새로운 시선으로 바라보게 돼. 하나님 말씀의 세계관으로 선악과를 바라보았을 때와 뱀이 씌워준 세계관으로 선악과를 바라보았을 때는 전혀 다른 생각과 전혀 다른 선택을 하게 되지.

　한 심리학자의 실험 이야기가 생각나는구나. 첫 번째 실험에서 열 명의 지원자를 모으고 각자 거울 앞에서 예쁘고 깔끔한 인상을 줄 수 있는 메이크업을 진행했대. 모두가 변화된 자기 모습을 보고 만족했고, 그러고는 길가에 서서 자신을 지나간 사람들의 시선을 설명하게 했지. "나를 멋있게 보는 것 같았습니다", "저에게 미소를 지으며 눈인사 하더군요", "제 모습이 괜찮아 보였는지 한 번 더 돌아보는 사람도 있었습니다"라고 열 명 모두 길에서 마주친 사람들이 긍정적인 반응을 보였다고 말했어.

두 번째 실험을 위해 이번에는 지원자들 얼굴에 흉터 분장을 하게 했어. 거울로 자신의 흉터 분장을 확인한 뒤 다시 길거리에 나가게 했지. 이번에는 "사람들이 제 시선을 피하는 것이 느껴졌습니다", "어떤 사람은 저를 두려워하는 것 같았어요", "저와 눈이 마주치자 입술을 실룩거리고 눈을 찡그리더군요" 하고 열 명 모두 길에서 자신을 본 사람들이 부정적인 반응을 보였다고 말했어. 하지만 두 번째 실험에는 숨은 반전이 있었단다. 흉터 분장을 한 이들을 길거리로 내보내기 전, 흉터 분장을 더 강하게 수정한다고 해놓고 거울을 회수하고 흉터 분장을 지운 거야. 사람들은 첫 번째 실험과 마찬가지로 예쁘고 깔끔하게 꾸민 얼굴을 가지고 두 번째 실험을 진행한 것이지.

우리는 스스로를 어떻게 생각하느냐에 따라 자아관이 바뀌고, 자아관의 변화에 따라 타인이 자신을 대하는 태도 역시 바뀌게 된다는 것을 알 수 있어. 혹 타인의 시선이 바뀌지 않았더라도 우리는 타인의 시선을 이전과 다르게 받아들이고 타인의 시선이 달라진 것처럼 느낄 수 있단다. 우리가 어떤 세계관, 어떤 안경을 가지고 있느냐에 따라 우리의 자아관을 포함해서 많은 것들이 변하게 될 거야.

　아빠는 중학교 때 처음 교회를 나갔을 때부터 성경을 읽기 시작했고, 의과대학에 가서도 아침마다 성경을 읽고 묵상하면서 시간을 보냈어. 지금도 묵상과 기도 없이 하루를 보내지 않는단다. 수십 년간 성경을 읽다 보니 성경에서 가장 중요한 구절 두 가지가 정리되더구나.

　첫 번째는 "네가 나를 누구라 하느냐"라고 물으신 예수님의 질문이야. 이 질문에 답하기 위해서는 먼저 "네가 어디에 있느냐"라고 물으신 질문에 대해 생각해 보아야 해. 하나님은 선악과를 먹고 하나님의 눈을 피해 숨어 있던 아담에게 "네가 어디에 있느냐"라고 물어보셨어. 아담이 어디에 숨어 있는지 모르셔서 물어보신 것일까? 전지하신 하나님이시니 모르실 리가 없지. 하나님은 나무 아래 숨은 아담, 저주 아래 숨은 아담을 보시고 아담 스스로 자신이 어떤 상태에 있는지 돌아보게 하시려고 물어보셨어. "네가 나를 누구라 하느냐"에 대한 대답을 하기 위해선 지금 내가 어떤 상태에 있는지, 지금 나의 실존이 어떤 것인지를 먼저 파악해야 해.

　섬에 살던 아빠의 오랜 친구가 어느 날 책을 한 권 보내왔어. 토머스 보스턴(Thomas Boston)이 지은 『인간 본성의 4중 상태』라는 책이었는데, 책의 발간사에는 친구의 이야기가 실려 있었단다. 자신이 책 원문을 읽게 됐는데 인생을 바칠 만한 책이라고 생각해 한국어 번역본이 나올 수 있도록 후원했다는 내용이었어. 그 책을 보면, 인간은 총 네 가지 상태로 나누어볼 수 있어.

인간의 4중 상태

첫 번째, 죄가 없는 상태 (에덴동산에서 살던 아담과 하와)

두 번째, 죄가 가득한 상태 (선악과를 따먹고 에덴동산에서 쫓겨난 상태)

세 번째, 은혜의 상태 (예수 그리스도 보혈로 은혜 가운데 있는 상태, 예수님의 십자가 전가)

네 번째, 죄를 지을 수 없는 상태 (예수님께서 재림하시고 난 후)

우리는 땅에 있는 성도니까 첫 번째나 네 번째 상태에 있는 상황은 아니라고 생각할 수 있어. 지금 우리는 두 번째 '죄가 가득한 상태'에서 하나님의 은혜로 세 번째의 상태가 된 것이지. 등가교환의 원칙을 알고 있니? 동등한 가치, 즉 동등한 대가를 서로 교환하는 원칙을 말해. 3만 원에 산 사과는 3만 원에 산 바나나와 가치가 같다는 원리를 어려운 단어로 정리했다고 생각하면 쉬울 거야. 예수님께서는 십자가에 죽으시면서 당신의 생명 값으로 하나님의 백성과 교회를 사셨어. 등가교환의 법칙을 적용해 보면 교회의 가치, 즉 우리의 가치가 예수 그리스도의 가치와 같아졌다고 할 수 있는 거야. 하나님께서는 땅에 있는 성도들의 가치를 예수 그리스도의 가치와 동등하게 보신단다.

아빠가 어른이 되어 엄마를 만나 결혼하고, 처음 큰딸이 태어났을 때 할아버지가 얼마나 기뻐하셨는지 몰라. 약하게 태어나 죽을 줄 알았던 막내아들이 장성하여 손녀를 안겨주니까 너무 좋으셨던 거지. 그 모습을 보면서 하나님이 우리를 바라보실 때 이렇게 즐거워하실 것 같다는 생각을 했어. 하지만 스바냐서의 말씀을 묵상하다 보니 하나님이 우리를 보실 때의 즐거움과 기쁨은 그 정도의 즐거움과는 차원이 다른 것이라고 말씀해 주시더구나. 그리고 단순히 "사랑해"라는 고백이 아닌, 나를 향한 사랑 때문에 어쩔 줄 몰라 하시는 하나님의 사랑을 알게 됐지. 이 정도의 표현법을 알았으면 엄마한테 프로포즈를 할 때 더 좋은 고백을 할 수 있었을 텐데 조금 아쉬운 마음도 드는구나.

그런데 이해되지 않는 부분도 있어. 하나님께서는 땅에 있는 성도, 즉 앞에서 말했던 인간의 4중 상태 중에서 3번에 속하는 사람들을 존귀하게 보시는 것인데, 여전히 땅에 있어서 범죄하고 실패하는 우리를 보시면서 하나님은 왜 기쁨을 이기지 못하실 정도로 사랑한다고 하실까? 그것은 우리가 예수 그리스도 안에 있기 때문이란다. 예수님께서 세례 요한에게 세례를 받고 물에서 올라오셨을 때 하늘에서 나는 소리가 있었어.

"이는 내가 사랑하는 아들이라, 내가 너를 기뻐하노라……."

변화산에서도 비슷한 말씀을 해주셨지. "이는 내가 사랑하는 아들이니 그의 말을 들으라"라고 말이야. 우리가 그리스도 안에 있기 때문에, 십자가 보혈 안에 있기 때문에 하나님은 그리스도 보혈의 안경으로 우리를 바라보고 계신 게 아닐까? 하나님께서는 그리스도의 옷을 우리에게 입혀 주셨고, 그리스도 보혈의 안경으로 우리를 보신단다. 하나님의 놀라운 은혜이지.

앞에서 이야기했던 말씀 구절에 각자의 이름을 넣어 묵상해 보면 좋을 것 같아.

땅에 있는 ○○○은 존귀한 자니 하나님의 모든 즐거움이 그에게 있도다.

오늘도 우리는 일터에서, 가정에서 범죄하고 실패하며 회개할 면목조차 없지만 내가 하나님의 땅에서 예수 그리스도 안에 있어 나를 사랑하여 주시니 감사하는 마음을 가지고 나로 인해 기뻐하시는 하나님을 늘 생각하자꾸나.

자녀 된 우리가 할 일

자, 그럼 이런 큰 은혜를 받은 우리는 어떻게 살아야 할까? 어느 날은 시편 16편 3절 말씀에 다른 사람들의 이름을 넣어보았어. 사랑하는 아내의 이름도 넣어보고, 딸들의 이름도 넣어보고, 연합하여 함께 일하고 있는 직장 동료의 이름도 넣어보고, 교회 공동체의 교인분들의 이름도 넣어보았지. 그러다 보니 싸워서 원수가 된 사람의 이름도 떠오르더구나. 정말 껄끄러워서 하나님께 굳이 저 사람의 이름도 넣어야 하는지 불만을 토로하기도 했는데, 내가 하나님께 받는 사랑만큼 그 사람 역시 하나님의 사랑을 받는 사람이라는 생각이 들었어. 너희도 그렇게 생각할 수 있는 단단한 마음을 가졌으면 좋겠구나.

장로 임직을 받고 나서 주일 예배에 참석하지 않고 계신 교회 지체를 찾아갔는데 그분이 교회에 나오지 않은 이유는 아주 단순했어. "○○가 너무 꼴 보기 싫어서 교회를 못 가겠어요"였지. 아빠는 그분께 어렵겠지만 시편 16편 3절 말씀에 싫어하는 분의 이름을 넣어 묵상하고 기도하실 것을 말씀드렸단다. 그 기도가 합당하지 않다면 축복의 기도가 어르신께로 다시 돌아올 것이라고 말이야. 교회를 둘러보면 자존감이 낮고 자아관이 왜곡되어 있는 교우분들을 자주 만나게 돼. 그런 분들은 하나님에 대한 인식과 시선도 많이 왜곡되어 있는 경우가 많아. 사실 아빠도 그런 사람들 중 하나였단다.

'장로라면서 그것밖에 못 하냐, 좀 더 해봐.'

은혜를 알지 못하니 하나님께서 내 삶의 모습을 보고 채찍질하고 계신다고 인식하기 쉬운 거야. 겉으로는 아주 멋진 신앙인의 모습을 갖춰서 주일성수도 잘하고, 교회 사역도 적극적으로 참여하지. 교회 안에서는 많은 사람에게 호감을 사고 칭찬받는 사람으로 살아가. 그런데 그 안에 있는 내면의 상태를 들여다보면 너무나도 실망스러운 모습을 보게 되는 거야. 은혜와는 거리가 먼 아주 율법적인 삶을 살아가는 것이지.

책임 전가라는 말 알지? 십자가에서 예수님이 하신 일을 '전가'라고 표현해. 어린아이가 실수로 남의 유리창을 깨뜨렸을 때 엄마가 책임지고 그 값을 치른다면, 아이의 책임이 엄마에게 전가된 거야. 은행에 100억의 빚이 있다고 생각해 봐. 어느 날 하나님이 "최 장로, 너 고생하니까 내가 네 100억 빚 갚아

줄게"라고 하신다면 빚이 사라진 것에 얼마나 감사할까? 그리고 그다음날 통장을 확인해 보니 마이너스 100억이 사라지고, 플러스 100억이 찍혀 있다면 빚이 사라진 것보다 더 큰 놀라움과 기쁨, 감사함이 있을 거야.

 사실 우리는 죄인으로 태어나 우리가 감당하지 못할 죄를 가지고 살아갈 수밖에 없는 존재란다. 그런 우리의 죄를 사하여 주신 것뿐만 아니라 예수 그리스도의 의를 우리에게 전가시켜 주셨어. 그래서 우리는 죄를 용서받은 것에 머물러 있지 않고 하나님께서 의롭다 해주시는 의인이 된 거야. 어느 날 갑자기 100억 빚이 사라지고, 100억 부자가 되는 것보다 더 큰 은혜이고 더 큰 기쁨이라고 생각되지 않니? 우리는 이런 하나님의 특별한 은혜로 용서받은 사람이 아닌, 용서받은 의인이 되었단다.

 아빠는 이러한 전가의 교리를 아빠의 생업인 의료관에 적용해 보았어. 환자를 치료할 때 아주 간단한 원칙을 생각해 보는 거야. 환자 몸 안에 들어와 있는 오염물질은 제거하고, 몸에 부족한 유익한 물질들을 넣어주는 거지. 전가의 원리를 적용한 의료관으로 치료 방향을 잡았을 때, 기적같이 환자들이 회복되는 것을 볼 수 있었고, 지금도 많은 환자들의 회복을 볼 수 있어.

 어떤 암 환우분이 병원을 찾아오신 적이 있어. 암 수술을 위해 배를 열었는데 생각보다 전이가 많이 돼서 아무런 조치를 취하지 못하고 수술실을 나온 케이스였어. 6개월 시한부 선고를 받고 찾아오셨더구나. 우리 병원에서 치료를 받으면서 환자분은 몇 년을 더 사셨는데 치료를 받는 중 컨디션이 많이 좋아지신 후에는 손뜨개로 수세미도 만들어서 직원들에게 선물해주실 만큼 따뜻한 성품이셨고, 우리 병원 직원분들과도 아주 친하게 지내셨어. 그분이 돌아가시고 나서는 자녀들이 선물을 들고 병원을 찾아와 그동안 어머니를 잘 돌봐주신 직원분들과 아빠에게 감사의 마음을 표현하기도 하셨지. 그런데 문제는 그분이 돌아가시고 난 뒤 우리 병원 직원들이 가족을 잃은 것 같은 우울함에 몹시 힘들어했다는 사실이야.

의학을 공부하고 진료 현장에서 일하다 보면 무수히 많은 죽음을 보며 허망하다는 생각을 많이 하게 된단다. 아무리 치료해도 그 끝은 죽음이라니, 아빠도 해결할 수 없는 문제의 굴레에 빠진 것 같았지. 그러던 어느 날 전도서를 묵상하면서 영원과 무한에 대해 생각하게 되었어. "헛되고 헛되구나. 결국 인생의 끝은 '헛됨'이고 '없음'이구나"라는 생각을 하던 중에 그 허망함을 깨트릴 말씀을 고린도전서에서 찾을 수 있었단다.

내가 예언하는 능력이 있어 모든 비밀과 모든 지식을 알고 또 산을 옮길 만한 모든 믿음이 있을지라도 사랑이 없으면 내가 아무것도 아니요 (고전 13:2).

다른 것들이 다 부족하더라도 우리 인생에 사랑이라는 변수가 추가되면 헛되지 않을 뿐 아니라 오히려 있음과 복됨을 향해 나아갈 수 있다는 거야. 그렇다면 여기서 말하는 사랑이란 어떤 것일까? 하나님께서 나를 존귀하게 보시고, 나로 인해서 기쁨을 이기지 못하실 정도로 나를 사랑하신다는 사실을 기억하는 것 자체가 사랑이라고 할 수 있어. 그리고 나랑 사이가 좋지 않은 사람을 바라보시는 하나님의 동일하신 사랑을 기억하는 것, 그리고 그 사실로 내 마음을 다잡는 것, 그것이 바로 사랑이라고 생각해.

그래서 나에게 좋은 사람뿐만이 아니라 좋지 않은 사람조차도 하나님의 마음으로 바라보고 마음으로 용납할 수 있는 상태가 되는 것이지. 결국 헛된 인생을 복된 인생으로, '없음'을 '있음'으로, '허무함'을 '충만함'으로 바꿀 수 있는 유일한 방법은 하나님의 마음으로 세계를 바라보고, 이 올바른 세계관으로 이웃을 바라보는 마음, 즉 사랑이란다.

교회에서는 '삶의 예배'라는 말을 자주 강조해. 하지만 치열한 사회와 현실 앞에서 삶의 예배는 불가능한 것이라고 느껴질 때가 있지? 말씀 앞에 다짐한 마음과 내가 살아가는 일터의 모습 사이에 생기는 불일치한 모습이 모순되게 느껴져서 절망하는 때도 있을 거야. 그럴 때마다 '사랑'을 생각하렴. 올바른 세계관을 잘 익혀서 하나님 앞에 바로 서고자 노력하고, 이웃을 사랑으로 바라볼 수 있게 된다면 자연스럽게 너희의 삶은 성경과 교리에 적합한 아름다운 모습이 될 수 있을 것이란다. 그렇게 살아갈 때 우리가 사는 삶의 현장은 하나님의 말씀으로 다스려지는 곳, 천국이 되는 것이고 우리는 가장 빛나는 인생, 행복한 삶을 살 수 있단다.

아빠의 명함 뒷면에는 시편 16편 3절 말씀이 적혀 있어요

아빠가 강조하는 기독교 의료관은 뭘까?

"젊은 시절에 나와 친구들 모두 몸을 아끼지 않고 목회와 사역에 올인했더니, 이렇게 나이들어서 하나둘씩 아프기 시작했어요. 혹시 아빠가 일과 사역에 너무 몰입한 나머지 건강을 잘 챙기지 못한다면 보인 자매가 꼭 브레이크를 걸어주세요."

수많은 목회자분들이 아빠의 병원을 찾습니다. 대부분 젊은 시절 교회와 신앙 공동체를 위해 땀과 수고를 마다히지 않고 열심히 달려온 분들이세요. 그런 분들이 어느 날 갑자기 몸의 이상을 느끼고 각종 질병으로 힘든 시간을 보내게 되었다는 이야기를 듣게 됩니다. 맑은 눈빛을 가진 선교사님, 유명한 신학자, 대형교회 목사님, 포근한 사모님들까지. 뛰어난 영성과 놀라운 인품을 가진 분들이 건강문제로 고생하는 모습을 보면 허탈함과 안타까움을 느끼곤 합니다. 영과 육의 건강을 잘 관리하고 건강한 생활의 밸런스를 유지하는 것은 생각보다 쉽지 않다는 것을 알게 되었어요. 어떻게 하면 영육의 건강을 잘 돌볼 수 있을까요?

앞서 설명한 인간의 4중 상태의 개념을 약간만 바꾸어 생각해볼게. 의료의 관점으로 접근하면 '죄가 없는 상태'는 오염이 없는 상태, 즉 질병이나 노화, 죽음이 없는 상태에 빗대어 볼 수 있어. 또 '죄로 관영한 상태'는 오염이 가득해서 필연적으로 질병과 죽음에 가까워진 상태에 빗댈 수 있고, '은혜의 상태'는 몸속 유해 물질을 제거하고 유익한 물질을 넣어 교환, 전가된 상태, '죄를 지을 수 없는 마지막 상태'는 노화도 질병도, 죽음도 없는 상태로 생각해 보자꾸나.

우리가 완전하게 오염이 없는 상태에 있는 것은 불가능하단다. 아담이 선악과를 먹고 지금 우리 세대의 사람들까지 죄가 관영했기 때문에 질병과 죽음은 우리에게 필연적인 것들이 되었지. 아무리 훌륭한 의사라도 불로장생을 가져다주지는 못하고, 심지어 예수님께서 살려주신 나사로도, 예수님께서 치료해

주신 회장당 야이로의 딸도 수십 년이 흐르고 나서는 죽음을 맞이했을 거야. 그러면 어떤 방식으로 환자를 치료하면 좋을까 생각해 봤어. 그리고 아빠의 결론은 죄로 관영한 상태처럼 오염이 관영하여 질병으로 고통받는 환자가 찾아왔을 때 마치 인간의 세 번째 상태인 은혜의 상태로 만들어내는 거야. 그러면 완전히 오염되지 않는 상태까지는 아니지만 하나님이 지어주신 태초의 건강한 몸 상태와 비슷하게 만들 수 있지 않을까? 이러한 방법을 위해 끊임없이 공부하고 연구하면서 사람들을 치료하는 것. 이것이 아빠가 가진 의료관이란다.

특별히 아빠의 의료관에 대해서는 이렇게 말하고 싶어.

첫 번째는 나를 찾아오는 환자들과 내 앞에 앉아있는 환자들, 보호자들 모두 하나님께서 존귀하게 보시는 사람들이라는 것을 기억하는 거야. 그리고 하나님의 시선으로 한 사람 한 사람을 대하려고 노력하는 거지. 가끔은 정말 무례한 환자들을 만나는데 그럴 때마다 마음을 다잡을 수 있게 해달라고 기도한단다. 아침마다 30분 일찍 출근해서 말씀을 묵상하고 기도로 하루를 시작하는 건 오늘 하루도 어떤 상황에서도 흔들리지 않고 하나님께서 오늘 내게 주신 마음대로 행할 수 있게 해달라고 기도하며 하나님께 의지하는 방법이야. 하지만 아빠도 완벽한 마음으로 하루를 살아내지는 못하기 때문에 퇴근 무렵에는 하나님께 회개하는 기도를 하게 된단다. 그럼에도 매일매일 더 나은 하루, 더 나은 마음을 가질 수 있게 노력할 거야.

두 번째는 인간의 4중 상태에서 영감을 받아 정리한 치료 방향을 따라 실질적인 의료행위를 잘 해내는 거야. 태초에 하나님은 사람을 만드시고 "지으신 것을 보시니 심히 좋았다"라고 표현하셨어. 이것은 태초에 하나님이 만드신 사람은 완전했다는 뜻으로 해석할 수 있지. 그래서 땅에 있는 성도들을 창조의 때와 가장 비슷한 몸 상태로 만들 수 있기 위해 노력하고 있단다. 이것이 아빠가 가진 의료관의 개념이고 아빠가 치료하는 기본적인 목표라고 말할 수 있어.

'관영'이란 무엇일까? 풍선 같은 것이라고 생각하면 이해하기 쉬울 거야. 풍선을 크게 불어서 곧 터지기 직전인 상태를 관영이라고 생각할 수 있단다. 성경에서는 노아의 홍수 전에 '관영'이라는 표현을 사용하고 있어. 죄가 이 땅에 관영했고 하나님이 심판하셨지. 우리가 살고 있는 이 세계는 너무 많이 오염되었어. 오염이 관영한 상태라고 표현할 수 있을 것 같구나.

아빠가 어렸을 때 처음 생수가 상품화되었어. 당시에는 물이 상품화되어 판매된다는 사실이 조금은 어이없기도 했단다. 어딜 가나 식수가 넘쳐나는데 과연 생수가 잘 팔릴까 의문이 들었지. 하지만 점차 오염이 심해지면서 모두가 물을 사 먹을 수밖에 없는 시대가 되었어. 또 미세먼지의 심각성으로 한국이 미세먼지 특별예보를 시작한 것도 벌써 10년이 넘었더구나. 미세먼지의 정도에 따라 사람들은 외출을 삼가기도 하고 공기청정기를 돌리기도 하지. 탄수화물과 지방, 단백질에 대해서도 우리가 먹는 식재료들이 얼마나 오염되어 있는지를 살펴봐야 해. 환경이 오염되고, 오염된 토양과 물, 공기로 식재료들이 자라나니 당연히 식재료들 역시 오염되어 있겠지? 의사의 관점에서는 환자에게 권할 수 있는 먹거리가 극히 드물어져 매우 안타까울 정도란다.

1952년에 재배된 시금치는 150mg의 비타민을 함유하고 있었지만 1993년에 재배된 시금치는 단 8mg의 비타민을 함유하고 있었어. 비타민 함유량이 20분의 1로 줄어든 것인데, 그로부터도 십수 년이 지난 지금 재배되고 있는 시금치는 과연 어느 정도의 비타민을 함유하고 있을까? 아무리 많아도 8mg 미만의 함유량을 가지고 있을 거라는 것은 쉽게 예측할 수 있어. 사과 역시 같은 상황에 놓여 있어. 1950년도의 사과 한 알에는 4.3mg의 철분이, 1998년 재배된 사과에는 0.18mg의 철분이 함유되어 있었어. 1998년에 재배된 사과 스물다섯 개를 먹어야 1950년도 사과 한 개에 들어 있던 철분을 섭취할 수 있다는 이야기야. 그렇다면 식재료를 가지고 요리한 음식으로 우리 몸에 필요한 비타민과 미네랄을 채우는 것은 불가능하다고 생각할 수 있지. 시금치 한 캔을 먹고 힘이 세진 뽀빠이는 전혀 신빙성 없는 이야기가 되어버린 것 같구나.

폐차장에 있는 고장난 부품들을 가지고 조립해 차를 만들었다고 가정해 보자. 그렇게 조립된 차에 시동을 걸었는데 아무런 문제 없이 차가 잘 굴러간다면 이것은 기적이라고 말할 수 있어. 불가능한 일을 가능하게 했다고 생각할 수 있지. 하지만 엄청난 노하우와 경력을 가진 숙달된 자동차 정비 장인이 수리했다는 전제가 있다면, 그 기적이 일어날 수도 있겠다 생각할 수는 있을 것 같아.

폐차장을 우리가 살고 있는 세계에 비교해 보자꾸나. 창조는 하나님 고유의 영역이야. 우리는 피조물이기 때문에 창조하신 몸과 여러 가지 동식물을 가지고 우리 몸을 건강하게 가공은 할 수 있지만 새롭게 창조할 수는 없어. 그럼 오염된 세상에서 우리가 건강하게 살아가는 것은 정말 어려운 일이라고 생각할 수밖에 없지. 매일매일 오염된 환경에 노출되어 오염된 것들로 우리 몸이 구성되는데 심장과 폐를 비롯한 장기들이 제 역할을 하고, 우리가 하루를 건강히 살아간다는 것은 철저한 하나님의 보살핌 없이는 불가능한 놀라운 은혜란다. 하나님께서 한 사람 한 사람에게 생명의 은혜를 주셨기 때문에 오늘도 우리는 건강한 하루를 살아갈 수 있어.

바른 자아관과 신앙의 안경 갖기

이 사실을 인지하지 못하면 우리는 어리석은 부자가 된단다. 성경에는 여러 가지 어리석음과 지혜에 관한 이야기가 있어. 그 중에서도 특히 '어리석은 부자'에 관한 이야기는 너희에게 여러 번 들려줬을 거야. 누가복음 12장 16-21절에 나오는 어리석은 부자는 오로지 물질적인 풍요에 의존하며 인생을 살아갔어. 풍성한 수확 덕분에 자신의 창고 공간이 부족할 정도였지만 이 어리석은 부자 옆에는 대화할 사람도, 풍성한 수확의 기쁨을 나눌 사람도, 심지어 양식을 나누어줄 사람도 없었어. 그래도 그는 재산을 쌓는 일에만 집중했지. 그런데 어느 날 하나님께서는 그에게 더 이상의 생명력을 허락하지 않으셨어. 어리석은 부자는 하나님께서 우리의 건강과 생명을 주관하신다는 사실을 인지하지 못하고 살아간 거야. 자기 생명의 주인,

자기 삶의 주인이 하나님이심을 인지하지 못하고 살았던 거지. 그의 마지막이 얼마나 외롭고 허망했을지 충분히 짐작할 수 있겠지?

또 하나님이 약속하신 땅에 다녀온 열두 명의 정탐꾼 이야기에서도 사람들이 지니고 있는 안경에 따라 어떻게 결과가 달라지는지를 알 수 있단다. 40일 간 철저하게 약속의 땅을 정탐하고 온 열두 명의 사람들 중 단 두 명만이 다른 안경을 가지고 있었던 것 같아. 열 명은 높은 성벽과 거인들을 보고 "우리는 메뚜기 밥이 될 것 같습니다"라며 두려워했고, 나머지 두 명은 높은 성벽과 거인들이 있다 해도 "하나님의 약속이 있으니 그들은 우리의 밥이다"라고 주장했지. 창세기에서 뱀의 유혹 전과 후로 선악과를 바라보는 하와의 시선이 달라졌던 것처럼 그들이 가진 세계관에 따라 정복해야 할 약속의 땅을 바라보는 시선이 달라진 거야. 하나님은 두려워하는 열 명의 정탐꾼들에게 "어느 때까지 나를 멸시하겠느냐"라고 말씀하셨어. 그리고 그 열 명과 어른 세대는 약속의 땅에 들어갈 수 없게 하셨지. 우리가 바른 기독교 신앙의 안경이 없으면 하나님을 멸시하게 되고, 하나님이 약속하신 그 땅에 들어갈 수 없게 된다고 생각해. 대학 공부나 취업, 성공보다 더 중요한 것은 세상을 바라보는 바른 안경과 바른 자아관을 가지고 하나님이 기뻐하시는 시선을 가지는 데 노력하는 것이란다.

성도로서 바른 안경을 가진 사람으로 살기 위해 '충성, 온전함, 부활' 이 세 가지를 기억하며 살아가면 좋겠어. 그러면 성도답게 하나님께서 기뻐하시는 삶을 살 수 있을 거야.

첫 번째 충성을 이야기해 볼까? 아빠가 생각하는 충성은 세상의 시선과 평가에 휘둘리지 않고, 살아가면서 마주할 무수한 선택의 순간에 하나님의 평가를 생각할 수 있는 지혜를 가지는 거야. 세상의 기준에 따라 마음이 나뉘어지거나 변하지 않고 모든 선택과 판단의 순간에 하나님을 생각하고 그 기준을 하나님의 말씀에 두고 살아가는 것이 충성스러운 삶이라고 생각해.

두 번째 온전함에 대해 이야기해 볼게. 하나님은 우리에게 온전하라고 하셨어. 우리가 생각하는 온전함은 완벽한 모습을 갖추는 것과 비슷한데, 과연 온전하신 하나님처럼 우리가 온전할 수 있을까? 그렇지 않아. 그래서 하나님이 말씀하신 온전함이란 '그럼에도 불구하고 기도하는 것'을 뜻한다고 생각해. 매일같이 스스로의 죄 된 모습에 실망하고 작아져도 회개하며 다시 하나님 앞에 나아갈 수 있는 용기를 가지는 것, 죄의 습성에서 자유롭지 못해도 하루를 온전히 살아보겠다고 매일 아침 다짐할 수 있는 끈기를 가지는 것, 나를 박해하는 사람들조차 중보하는 마음으로 기도하는 사랑을 가지는 것이 온전함이란다. 정말 쉽지 않는 일이지만 은혜로 그것들을 해나갈 때 우리는 비로소 하나님이 요구하시는 완전한 삶을 살아내는 것이라고 생각한다.

그리고 마지막 세 번째 부활을 생각해 보자. 『어린 왕자』 이야기에 나오는 바오밥나무를 알고 있니? 우리가 타고 다니는 자동차가 옆에 서면 장난감처럼 보일 만큼 바오밥나무는 키가 아주 크고 우람하단다. 하지만 바오밥나무의 씨는 아주 작아. 씨를 보면 바오밥나무의 성장한 모습을 상상하기 어렵지. 아빠는 우리가 미처 예상하지 못했던 영광스러움과 인간의 언어로는 설명할 수 없는 아름다움이 바로 하나님이 우리에게 예비하신 '부활'이라고 생각한단다. 정말 말도 안 되는 복된 영광, 그 부활을 바라보며 살아가는 너희가 되었으면 좋겠구나. 썩어질 것을 심었으나 썩지 않을 것으로 다시 살아나는 부활, 욕된 것으로 심었으나 영광스러운 것으로 다시 살아나는 부활, 약한 것으로 심었으나 강한 것으로 다시 살아나는 부활이 우리에게 예비되어 있음을 기억하고 오늘을 잘 살아내기를 바란다.

건강 십계명

제1계명 : 지독한 편식에서 벗어나라

태초에 에덴동산에는 몇 종류의 과일나무가 있었을까? 정확히 알 수는 없지만, 지금 우리가 사는 지구에는 1,000종이 훌쩍 넘는 과일이 자라고 있어. 그런데 우리는 평생 몇 종류의 과일을 맛볼까? 안타깝게도 많은 사람이 고작 20여 종의 익숙한 과일만 먹고 있단다. 하나님께서 자연이 베푼 수천 가지의 선물 중 극히 일부만 취하는 것, 이것이 바로 '지독한 편식'의 시작이야.

이러한 편식은 우리의 주식에서도 마찬가지야. 세상에는 수많은 먹거리가 있지만, 우리의 식단은 쌀, 밀, 보리 이 세 가지 탄수화물이 60% 이상을 차지하고 있어. 이것이야말로 우리 몸을 향한 심각한 편식이란다. 우리 몸은 다양한 영양소를 원해. 자연이 우리에게 허락한 다채로운 맛과 영양을 골고루 섭취해야 하지. 익숙함의 틀을 깨고 다양한 음식을 맛보는 용기, 그것이 바로 건강한 삶을 향한 첫걸음이 될 거야.

제2계명 : 덜 먹고 나눠라

아빠의 부모님 세대는 밥을 짓기 전, 쌀 한 줌을 덜어 따로 모으셨어. 스스로는 조금 덜 먹는 '소식'(小食)을 실천하고, 그렇게 모인 쌀은 '헌미'(獻米) 또는 '성미'(聖米)라 불리며 양식이 부족했던 이웃에게 전해졌지. 이건 단순히 쌀을 나눈 것이 아니란다. 온정을 나누고, 복을 나누는 따뜻한 사랑의 실천이야. 스스로 조금 덜 먹고, 그 마음을 이웃과 나누셨던 그분들이 지금 80, 90세가 되어서도 강건한 삶을 살고 계신단다.

이미 수많은 연구와 논문에서 '소식'이 장수와 건강에 얼마나 유익한지가 증명되고 있어. 위장에 부담을 주지 않고, 몸의 대사를 원활하게 하는 것이 건강의 핵심 비결 중 하나라고 생각한단다. 건강은 단순히 내 몸만 채우는 것이 아니야. 넘치는 것을 비워내고, 그 빈자리를 이웃과 나누는 마음에서 진정한 건강이 시작된다는 것을 기억하렴. 적게 먹어 몸을 가볍게 하고, 나누어서 마음을 채우면 몸과 마음이 함께 건강해질 거야.

제3계명 : 단맛을 줄이고, 오미(五味)를 깨워라

아빠의 아버지 세대에게 단맛은 참으로 귀했단다. 어쩌다 맛보는 엿 한 가락, 가을 들녘의 잘 익은 감이나 홍시, 사과, 배가 그 전부였어. 바나나 한 개, 귤 한 알도 온 가족이 쪽을 내어 나누어 먹던 시절, 아빠도 어릴 적에는 단맛이 귀했기 때문에 어쩌다 먹는 바나나 한입이 더욱 특별하고 소중했던 기억이 있단다.

하지만 지금은 어떻니? 풍요의 시대 속에서 우리는 너무나 쉽게, 그리고 너무나 강렬하게 단맛만을 추구하고 있어. 아빠가 생각하는 문제점은 혀가 단맛에 길들여지면서, 우리 삶의 다채로운 다른 맛들을 잃어버리고 있다는 점이야. 인생의 쓴맛(苦), 새콤한 신맛(酸), 깊은 감칠맛(旨)을 제대로 느끼지 못하는 '미각의 편식'에 빠져버린 거지. 맛도 편식하면 안 된단다.

건강한 몸이 균형 잡힌 영양을 원하듯, 건강한 미각은 균형 잡힌 맛을 원하게 되어있어. 자극적인 단맛을 조금 멀리하고, 자연 그대로의 쓴맛, 신맛, 짠맛, 감칠맛을 음미하는 즐거움을 되찾으렴. 혀끝의 즐거움을 넘어, 삶의 깊이를 더하는 지혜가 될 거란다.

제4계명: 해와 함께 일어나고 해와 함께 잠들어라

사람의 몸 안에는 창조주께서 맞춰주신 정교한 '생체 시계'가 있단다. 이 시계는 해가 뜨고 지는 자연의 시간에 정확히 맞추어져 있어. 해가 뜰 때 일어나고 해가 질 무렵 잠자리에 드는 것이 가장 건강한 삶의 리듬이란다.

해와 함께 하루를 시작하기 위해서는 먼저 해와 함께 하루를 마무리해야 한다. 하루 7-8시간의 충분한 수면 시간을 확보하렴. 낮 동안의 짧은 낮잠은 오후의 활력을 되찾아주는 셈이야. 또, 잠들기 전에는 몸의 긴장을 깨우는 블루라이트를 멀리하고, 마음을 평온하게 가다듬어보렴. 만일 그래도 잠 못 이룬다면, 멜라토닌, 가바, 테아닌과 같은 자연의 도움을 받는 것도 방법이 될 거야. 이것은 부끄러운 일이 아니란다. "하나님께서는 사랑하시는 자에게 꿀잠을 주신다"는 말씀처럼, 깊은 잠은 축복이라는 것을 명심하렴. 깊은 잠을 자는 동안 우리의 뇌는 노폐물을 청소해서 치매를 예방하기도 하고, 면역 체계를 재정비하여 암과 같은 질병으로부터 우리 몸을 지켜내고 있단다. 자연의 순리에 몸을 맡기렴. 일찍 자고 일찍 일어나는 단순한 진리 속에 몸의 회복과 마음의 평안, 그리고 우리 영혼의 쉼까지 가능해질 거야.

제5계명: 나쁜 호르몬을 다스리고, 긍정 호르몬을 깨워라

도파민은 일종의 쾌락 호르몬이란다. 현대인은 대부분 '도파민 중독'에 빠져있어. 스마트폰과 SNS가 주는 즉각적인 자극에 길들여지면서 우리 뇌는 필요 이상으로 도파민을 분비하지.

문제는 이 과도한 쾌락의 파도가 지나간 뒤에 마주하는 변화들이야. 썰물처럼 허무함이 밀려오고, 더 강한 자극을 찾아 헤매는 중독의 악순환이 시작된단다. 이제는 우리가 도파민의 노예가 되기를 멈추고, 잠자고 있는 진짜 호르몬, 행복 호르몬을 깨워야 한다고 생각해.

사랑의 호르몬인 옥시토신을 깨우렴. 사랑하는 사람과 차를 마시며 따뜻한 눈빛을 나누고, 출근길에 가벼운 입맞춤을 하고, 예배 후 어르신의 손을 꼭 잡아드리고, 함께 손 모아 기도할 때 옥시토신은 우리 마음을 충만하게 채울 수 있단다. 관계와 스킨십을 통해 우린 깊은 유대감의 호르몬을 얻을 수 있어.

또, 긍정의 호르몬인 엔도르핀은 즐거울 때 솟아나는 천연 진통제라고 할 수 있단다. 심지어 입에 펜을 물고 억지로 웃는 표정만 지어도, 우리 뇌는 즐거움을 느끼고 엔도르핀을 만들어 내. 작은 미소와 긍정적인 생각이 몸과 마음을 치유할 수 있지.

순간의 쾌락이 아닌, 관계와 긍정에서 오는 깊은 행복을 추구하렴. 긍정 호르몬으로 삶을 가득 채우면, 허무한 중독의 고리를 끊고 진정한 평안을 누릴 수 있을 거야.

제6계명: 몸 안의 독소를 비우고, 깨끗함으로 채워라

우리가 숨 쉬는 공기, 매일 먹는 음식 속에는 눈에 보이지 않는 위협인 환경호르몬과 중금속이 숨어 있단다. 미세먼지, 오염된 먹거리, 심지어 무심코 만지는 영수증까지, 이렇게 조용히 쌓여가는 독소들은 우리의 몸과 마음을 망가뜨리고 있어.

먼저 호흡을 지키렴. 외출 시에는 마스크를 착용하여 미세먼지 속 중금속을 막아내야 한단다. 그리고 먹거리를 조심해야 해. 알루미늄 호일에 식재료를 감싸서 조리한 음식은 먹지 말고, 쌀은 물에 충분히 불린 후에 그 물을 버리고 밥을 짓는 것을 습관화하렴. 생선을 먹을 때는 먹이사슬 상위에 있는 큰 생선보다 먼 바다에서 난 작은 생선을 택하는 것이 안전하단다. 생활 속에서 카드 계산 후에 받는 영수증은 되도록 만지지 말고, 보이지 않는 미세 플라스틱이 들어간 페트병 음료보다는 반드시 정수기로 정화된 깨끗한 물을 마시길 바란다.

마지막으로, 비워내는 것에 집중하렴. 비타민 C를 꾸준히 섭취하는 것은 몸 속 독소 배출을 돕는 좋은 습관이야. 무엇을 먹을 것인지에 대한 문제만큼이나 더 중요한 것은 무엇을 피하고 어떻게 비워내느냐에 대한 문제란다. 매일의 작은 실천으로 우리 몸을 독소로부터 지키길 바란다.

제7계명: 몸을 바르게 세우고, 꾸준히 땀 흘려라

건강의 두 기둥은 바른 자세와 꾸준한 운동이란다.

첫째, 꾸준히 땀을 흘려야 한다는 걸 기억하렴. 가장 좋은 운동은 거창한 것이 아니라, 날마다 규칙적으로 할 수 있는 운동이야. 숨이 차서 노래는 부를 수 없지만 옆 사람과 간단한 대화는 나눌 수 있을 정도의 강도로 꾸준히 땀을 흘리는 것이 좋아. 땀은 단순히 물이 아니야. 땀을 통해 몸속 노폐물이 빠져나가고, 잠자던 근육이 깨어나 생명력을 가지게 하는 중요한 요소란다.

둘째, 몸을 바르게 세워야 한다. 운동만큼이나 중요한 것이 바로 '바른 자세'라고 할 수 있어. 바른 자세는 모든 건강의 기초 골격이란다. 스스로의 자세를 점검해 보는 것이 좋겠구나.

가장 간단한 방법은 눈을 감고 제자리에서 걸어보는 거야. 몸이 균형을 잘 잡는지 확인하고 또 머리 위에 책을 올리고 걸어보렴. 척추가 바로 섰는지 알 수 있을 거야. 벽에 발뒤꿈치, 종아리, 엉덩이, 등, 어깨, 머리를 순서대로 붙여보는 것도 또 하나의 방법이란다.

움직임으로 생명력을 깨우고, 바른 자세로 그 생명력을 담을 그릇을 만들어야 해. 몸을 바로 세울 때, 정신도 바로 서고 흔들리지 않을 수 있단다.

제8계명 : 건강한 엄마가 건강한 아이를 낳는다

엄마의 몸 속은 아기가 처음 경험하는 세상이 된단다. 아기는 엄마가 먹고, 마시고, 숨 쉬는 모든 것을 탯줄을 통해 함께 나누며 열 달 동안 함께하며 자라게 되지.

이 생명의 연결은 축복인 동시에 무거운 책임이 따른단다. 엄마의 몸에 칼슘, 마그네슘, 아연과 같은 좋은 영양소와 미네랄이 풍부할 때, 아기는 그 영양분을 그대로 물려받아 튼튼한 생명의 기초를 다지게 되기 때문이야.

반드시 기억해야 할 중요한 사실이 있어. 엄마의 몸에 쌓인 수은, 납과 같은 중금속, 환경호르몬, 수많은 가공식품의 독소 역시 탯줄을 통해 고스란히 아이에게 전달된다는 거야. 엄마의 몸은 좋은 것만 선별해서 주는 필터가 아니라, 모든 것을 공유하는 통로이기 때문이지. 엄마의 몸 상태는 단순히 아기가 태어날 때 갖는 건강 상태를 넘어, 평생의 면역력과 뇌 발달, 그리고 성장 과정 전반에 깊은 영향을 미치게 되는 거야. 엄마의 몸은 아이에게 생명을 주는 통로이자, 대를 이어 건강 또는 질병의 씨앗을 물려주는 길이 될 수 있다는 것을 명심하렴.

미래의 아이를 위한 가장 위대한 사랑과 준비는, 엄마가 될 자신의 몸을 먼저 정화하고 건강하게 가꾸는 것이란다. 아이를 갖기 전부터 몸속 독소를 비우고, 깨끗하고 좋은 것들로 채우렴. 이를 위해 임신을 준비하는 기간과 임신 중에는 첨가물과 환경호르몬의 우려가 있는 가공식품, 배달 음식, 인스턴트식품을 최소화해야 한다. 대신, 생명력이 넘치는 유기농 제철 음식을 통해 자연 그대로의 영양을 섭취하는 지혜가 필요해. 그것이 다음 세대에게 물려줄 수 있는 가장 귀한 유산이 될 거야.

제9계명 : 장의 우주를 다스리고, 미생물의 다양성을 지켜라

우리 장 속에는 '제2의 뇌'라 불리는 거대한 미생물 생태계가 존재하고 있어. 수십 조 마리의 미생물이 살고 있는 이 작은 우주는 우리의 면역, 소화, 심지어 감정까지 조절하며 건강을 좌우하는 열쇠를 쥐고 있지.

이 생태계의 균형이 깨져서 유해균이 증식하면, 소장 내 세균 과다 증식(SIBO)이나 위점막이 변형되는 장상피화생과 같은 심각한 문제가 발생할 수 있단다. 이는 단순히 소화 불량을 넘어 전신적인 염증과 질병의 원인이 될 수 있어.

반대로, 유익균의 '다양성'이 풍부하게 유지될 때, 우리의 장은 '행복 호르몬'이라 불리는 세로토닌과 같은 유익한 물질들이 활발하게 생성된단다. 이로 인해 우리의 몸은 편안해지고 마음은 평안해질 거야. 몸과 마음은 늘 함께 아프게 되고, 또 함께 건강해진단다.

장내 미생물의 다양성을 지키는 가장 좋은 방법은, 잘 발효된 전통 음식을 꾸준히 섭취하는 거야. 특히, 세계적으로 그 효능을 인정받는 우리의 김치를 비롯하여 된장, 청국장과 같은 발효 식품은 장내 유익균에게 최고의 먹이가 되어 장의 생태계를 건강하고 풍요롭게 만들지.

단순히 무엇을 먹지 않을까를 넘어, 장내 미생물을 위해 무엇을 먹일 것인가를 고민해 보렴. 건강한 장은 건강한 몸과 건강한 마음을 위한 가장 근본적인 밑바탕이 되고, 훗날 너희의 자녀에게도 전달될 건강한 몸의 바탕이 될 것이란다.

제10계명: 고난을 원망 말고, 연단의 기회로 삼아라.

살다 보면 이해할 수 없는 고난이 찾아올 때가 있어. 극심한 질병, 억울한 소송, 부당한 비난과 같이 감당하기 힘든 시련이 닥쳐올 거야. 그럴 때, 원망과 절망에 빠지는 대신 믿음의 선조들이 걸어간 길을 생각하렴.

극심한 질병이 찾아왔을 때는 욥을 기억해. 온몸에 병이 들어 고통스러울 때, '하나님께서 나를 이토록 자랑스럽게 여기셨구나' 하고 고통을 믿음의 훈장으로 여겨보는 거야.

억울한 누명을 쓰거나 갇히게 되면 요셉을 떠올려보는 것도 좋을 것 같아. '하나님께서 나를 더 크게 쓰시려고 이 감옥에서까지 훈련하시는구나' 하고 시련을 연단의 과정으로 받아들이렴. 부당한 권력에 핍박받을 때는 다윗을 생각해 보자. 기름부음 받은 다윗은 오랫동안 버림받은 사울 왕에게 쫓기며 고된 도망자의 삶을 살았어. 하나님께서는 그 억울하고 힘든 과정을 통해 다윗을 이스라엘의 가장 위대한 왕으로 자라게 하셨단다.

하나님께서 허락하신 고난에는 반드시 그분의 뜻이 담겨있다는 것을 기억하렴. 원망은 우리의 몸과 마음을 병들게 하지만, 믿음의 관점으로 고난을 해석할 때 우리는 영적으로, 정신적으로 더욱 강건해진단다. 이것이 고난 속에서 건강을 지키는 가장 깊은 지혜인 거야.

하나님의 영광을 위해 내 몸을 아끼고 건강하게 잘 관리할 의무가 있어. 하지만 우리가 기억해야할 것은 세상의 어떤 위협도, 질병도, 사고도 하나님의 손안에 있는 성도의 사명을 중단시킬 수 없다는 거야. 죽음, 망함, 실패에 대한 두려움은 큰

스트레스가 되고, 만병의 근원이 된단다. 이 운명과 사명을 믿을 때, 우리는 가장 깊은 차원의 평안을 얻을 수 있어. 이 담대함과 평안이야말로 모든 건강을 완성하는 마지막 열쇠라는 것을 기억하렴.

Part 6.
그리스도인의 재정 관리

"성도는 하나님이 불러주시기 전까지 이 사회에서 치열한 경제활동을 하면서 살 수밖에 없어. 그래서 월급을 받는 직장인이든, 자신만의 회사를 운영하는 사업자든, 성도들도 경제 공부는 살아가면서 꼭 놓지 않아야 한단다."

내 물질의 주인이
누구인지를 항상 생각하렴

첫 월급을 받았던 날, 처음으로 내 손으로 돈을 벌고, 그 돈을 내 마음대로 사용할 수 있게 되었을 때, 세상이 말하는 성공과 소비 방식이 저를 빠르게 잠식시켰어요. 누구보다 열심히, 잘 살고 싶은 마음이 있었지만, 그 과정에서 신앙인으로서의 기준과 자세를 어떻게 지켜야 할지 혼란스러웠습니다.

또 가끔은 가진 것을 남들과 비교하면서 '돈을 많이 벌고 싶다는 마음을 가지면, 속물인 것일까?', '돈을 많이 버는 것이 축복일까?', '헌금과 소비, 저축은 어떤 기준으로 해야 할까?' 하는 등 무수히 많은 고민거리가 생겼어요. 그리스도인은 어떻게 벌고 어떻게 써야 할까요? 처음부터 완벽할 수는 없지만 하나님이 주신 소명 안에서 재정을 바르게 관리하고, 물질이 내 삶의 주인이 되지 않도록 하고 싶어요. 그렇게 나의 물질이 또 하나의 복음의 통로가 되기를 소망하며 기도하게 됩니다.

옛말에 "개 같이 벌어서 정승처럼 쓰라"는 말이 있어. 하지만 사람들을 지켜보니 개처럼 벌면 대부분 개를 닮아가다 개 같은 인생이 되기 쉽더구나. 그래서 너희에게 정승처럼 벌고 정승처럼 쓰라는 말을 해주고 싶어. 좀 더 정리하자면 주님의 일을 하듯 벌고, 주님의 일에 아끼지 않는 너희가 되었으면 하구나.

좋은 동기부여를 통해 돈을 벌기 위해 열심을 다하면서 바르고 정직한 방법으로 돈을 벌어야한다는 것을 명심하렴. 성경적으로 표현하면 생명을 살리는 일, 이웃을 풍요롭게 하는 일, 이웃의 안위를 돌보는 일을 해야 해.

또 주께 하듯 일하는 사람이 되어야 한단다. 성도라면 교회 안에서의 일뿐만 아니라 세상에서 내게 주어진 일 역시 주의 일, 곧 하나님의 부르심이라는 것을 알아야 해. 그래서 교회에서 최선을 다해 섬기듯 사회에서도 너희에게 주어진 역할에 섬김의 자세로 최선을 다하렴.

그리고 열심히 번 물질을 사용할 때는 마음을 다잡아야 한단다. 우리가 흔히 선행을 할 때 한쪽 손이 한 일을 다른 손이 모르게 하라는 표현을 사용하지? 그 이유는 칭찬받는 선행이나 구제, 헌금을 하면 자신도 모르게 스스로를 높이게 되고 타인과 비교하며 자신을 우월한 존재로 생각하게 되기 때문이야. 순식간에 교만으로 가득한 스스로의 모습을 보게 되지.

언제나 나의 주인이 누구인지, 이 물질의 주인이 누구인지를 기억하렴. 주의 일을 하듯 벌고, 주의 일에 아끼지 않는 삶을 살기를 기도한다.

십일조, "나의 모든 것이 하나님의 것입니다"

어렸을 때 부모님께서는 저에게 저금통을 하나 선물하셨어요. 차근차근 십일조에 대한 이야기를 해주셨고, 그 날부터 용돈을 받을 때마다 10분의 1만큼의 금액을 저금통에 모았습니다. 차곡차곡 모인 십일조는 매년 돌아오는 송구영신 예배에 헌금으로 드렸어요. 부모님의 훈련 덕분에 저는 학창시절을 보내는 내내 십일조를 당연하게 여기고 기쁘게 내어드릴 수 있었어요. 하지만 사회 초년생이 되고, 작디작은 월급으로 서울에서 자취하며 살아가는데, 한 번도 겪어보지 못한 상황을 맞이하게 되었어요. 월세와 공과금, 기본 생활비에 식비, 익숙하지 않은 경조사비까지… 사치스럽지 않지만 늘 부족함 없이 지냈던 이전과는 다르게 허리띠를 졸라매야 했습니다. 이런 상황에서 주일

헌금 외에 따로 드리는 십일조가 부담으로 다가오기 시작했어요. 이번에도 역시 아빠에게 조언을 구했습니다.

교회의 여러 지체들은 종종 아빠를 찾아와 십일조에 대한 의견을 묻곤 한단다. 예전에 한 청년의 고민이 있었어. 취업을 해서 월급 250만 원을 받게 된 거야. 세금을 제하고 나면 230만 원 정도가 통장으로 들어오는데 십일조를 25만 원을 해야 할지 23만 원을 해야 할지 묻더구나. 아빠의 답은 학자금 대출부터 정리하라는 것이었어. 그 뒤 빚이 정리되면 230만 원에서 최저생계비 180만 원을 제하고 남은 50만 원에서 십의 일조를 하는 것이 좋겠다고 말해 주었지. 소득 전체의 십일조를 하면 최저생계비도 남지 않는 청년의 상황을 하나님이 기뻐하실지 자신할 수 없었기 때문이었단다.

이번에는 의사 선배가 질문을 해왔어. 10억에 건물을 구입한 뒤, 매년 이자를 5,000만 원 정도 냈다고 하더구나. 그렇게 10년이 흘렀고 20억에 건물을 팔아서 1억의 세금을 낸 상황이었지. 과연 그 선배는 얼마를 십일조로 드려야 할까? 10억짜리 건물을 20억에 팔았으니 10억의 소득이 생긴 것 같지만 10년간

5,000만 원을 냈으니 5억을 제하고, 세금으로 낸 1억도 제하면 실제 소득은 4억이 남게 되었지. 그래서 십일조는 4,000만 원을 내는 것이 정확한 계산이라고 생각했단다.

십일조는 내게 주신 물질의 1/10을 교회에 헌금하는 것을 뜻해. 앞서 상담을 요청해 왔던 사람들에게 상황에 따라 십일조 계산하는 것을 도운 얘기를 했지만, 사실 정확히 10분의 1을 계산해서 헌금하는 것이 그렇게 중요하지는 않아. 무엇보다 중요한 것은 십일조의 의미를 정확하고 바르게 아는 거야. 아빠는 십일조 헌금이 내 삶의 주인이 하나님이심을 고백하는 대표적인 행위라고 생각해. '하나님께서 내게 일할 수 있도록 건강을 주시고 일터를 주셔서 소득을 얻게 해주셨으니 모든 것이 하나님의 것입니다'라는 믿음의 고백이 십일조 헌금이라고 생각한단다. 그리고 정말 중요한 것이 또 있어. 그것은 바로 올바른 십일조와 우리가 멀리해야 할 주객전도된 십일조를 잘 구분하는 거야.

먼저 기복적인 십일조를 멀리하렴. '1,000만 원 헌금할 테니 1억 벌게 해주세요' 하는 계산적인 십일조는 절대 해서는 안돼. 하나님은 자판기가 아니시고 이자율 1,000%의 은행도 아니시라는 것을 분명히 하렴. 율법적인 십일조도 해서는 안 되겠지. 십일조는 율법이니까 꼭 지켜야 한다는 생각은 아주 곤란해. '십일조를 안 하면 벌 받을 것 같다'는 생각으로 두려움에 헌금하는 십일조는 하나님을 인색하고 무자비한 신으로 멸시하는 것과 같단다. 또한 아나니아와 삽비라처럼 위선적인 헌금을 하지 말아야 하는 것도 반드시 기억하렴. 위선적인 헌금은 10의 5조를 드리더라도 죽음의 결과를 맞이하게 된단다.

그렇다면 올바른 십일조는 어떻게 하는 것일까? 나에게 있는 모든 것은 주께서 잠시 맡기신 것이라는 고백으로 내 소득의 일정 부분을 기쁘게 드리는 것이란다. 사실 우리에게 있는 물질뿐만 아니라 하루를 살아갈 수 있는 생명과 숨 쉬는 호흡 하나도 하나님께서 주신 것이지. 나에게 있는 모든 것들 중 당연한 것이 하나도 없다는 것을 진심으로 고백한다면 올바른 십일조를 할 수 있을 것 같구나.

또 '우리에게 주신 양식'이라는 고백과 함께 드리는 십일조를 하렴. 일용할 양식은 '나'에게 주신 것이 아닌 '우리'에게 주신 것이란다. 우리 안에는 물질적으로 어려운 지체도 포함되어 있지. 어려운 형편과 장애로 돈을 벌지 못하는 분들과 주신 양식을 나누기 위해서 '십일조'라는 방법을 사용하는 것이라고 생각할 수 있겠구나.

마지막으로는 교회의 살림과 목회자를 위한 십일조가 있어. 교우들이 헌금을 하지 않아 목회자가 외부적인 경제활동을 할 수밖에 없는 상황으로 내몰린다면 설교를 준비하거나 교회 지체를 돌아보는 시간이 부족해지는 것은 당연해. 결국 이것은 교회와 성도들에게 큰 낙심과 어려움을 초래하게 될 수밖에 없단다. 목회자를 위해 기도하고 교회를 사랑하는 마음으로 드리는 십일조를 기억하렴.

성도는 경제 공부를
손에서 놓지 않아야 한다

교회학교에서는 헌금과 구제에 대한 성경 말씀으로 재물에 욕심을 가지지 않고 하나님께 내어드리는 것에 대한 이야기를 많이 다룹니다. 부자가 되어 잘살고 싶다는 마음은 마치 세상적인 기준과 인간의 탐심에 굴복한 것처럼 극단적으로 여겨지기도 해요. 하지만 저는 부자가 되고 싶었습니다. 어른이 되면 아빠의 반만이라도 벌어서 넉넉한 가정을 꾸리고, 부모님 용돈도 많이 드리고, 마음에 불편함 없이 교회를 돌보고 싶었어요.

 대학생이 되고 아빠는 시기적절하게 경제 공부를 할 수 있도록 도와주셨어요. 방학을 맞아 한국에 돌아가면 제 눈높이에 맞게 기본적인 경제 흐름과 주식, 부동산에 대한 공부를 함께 해주셨습니다. 그와 동시에 눈에 보이는 재물 앞에서 그리스도인으로서의 마음을 지키는 방법에 대해서도 늘 강조하셨습니다. 그리스도인에게 경제 공부는 왜 필요할까요?

창세기에 나오는 요셉 이야기를 알고 있니? 요셉은 애굽의 황제 바로의 꿈을 해석해 주고 단번에 총리가 되는 드라마틱한 스토리를 가지고 있지. 그러나 우리는 조금 더 자세히 이 상황을 살펴볼 필요가 있겠구나. 꿈을 해석해 준 사람에게는 그에 따른 비용을 받게 하거나 특별한 경우 왕에게 큰 재물을 받게 되는 것이 일반적인데 바로 왕은 왜 요셉을 곧장 애굽의 총리로 임명했을까? 요셉은 꿈을 해석하는 것을 넘어서, 해석된 내용을 통해 애굽이 앞으로 맞닥뜨릴 문제를 해결할 수 있는 해결책까지 제시하는 능력을 선보였기 때문이야.

> 후에 든 그 흉년이 너무 심하므로 이전 풍년을 이 땅에서 기억하지 못하게 되리이다 바로께서 꿈을 두 번 겹쳐 꾸신 것은 하나님이 이 일을 정하셨음이라 하나님이 속히 행하시리니 이제 바로께서는 명철하고 지혜 있는 사람을 택하여 애굽땅을 다스리게 하시고 바로께서는 또 이같이 행하사 나라 안에 감독관

들을 두어 그 일곱 해 풍년에 애굽땅의 오분의 일을 거두되 그들로 장차 올 풍년의 모든 곡물을 거두고 그 곡물을 바로의 손에 돌려 양식을 위하여 각 성읍에 쌓아 두게 하소서 이와 같이 그 곡물을 이 땅에 저장하여 애굽땅에 임할 일곱 해 흉년에 대비하시면 땅이 이 흉년으로 말미암아 망하지 아니하리이다(창 41:31-36).

명철하고 지혜 있는 사람을 고용해서 감독으로 일하게 하고, 7년간 풍년이 들었을 때 20%씩 저장하라고 아주 명확한 해결책을 제안하고 있지? 조금 이해하기 어려운 부분도 있어. 처음 이 말씀을 읽었을 때는 20%가 너무 적은 양이라고 생각했단다. 20%를 저장해 7년간 지속될 흉년을 버티려면 두 가지 조건이 있어야 해. 첫 번째는 풍년일 때 매해 필요한 양식의 다섯 배가 넘게 수확되어야 한다는 것이고, 두 번째는 저장된 곡식이 하나도 썩지 않아야 했지. 이 외에도 곡물 저장고는 전국에 위치해 있어야 할 것이고, 선입선출 방식으로 먼저 생산된 것을 먼저 꺼내 먹는 시스템이 구축되어야 할 거야.

요셉이 제시한 해결책의 결과는 어땠을까? 창세기 47장 14-16절에 보면 기근이 심해지자 주변 나라들은 애굽에게 돈을 주고 곡식을 사야 했어. 기근이 길어져 더이상 곡식을 살 돈이 떨어지자 기르던 가축들을 곡식과 교환하기도 했지. 결국 바로는 돈과 토지 모두를 가질 수 있게 되었단다. 신전 땅을 제외한 모든 토지가 바로 왕의 소유가 되고, 가축과 돈까지 모두 바로의 것이 되었을 때, 요셉은 백성들이 바로의 땅에 종자를 뿌려 농사를 짓고 그 대가로 수확의 20%는 바로에게, 80%는 백성들이 가져갈 수 있는 엄청난 정부지원사업을 시작했어. 고대에는 전체 수확의 50%를 지주에게 바치는 것이 일반적이었는데 80%를 백성들에게 내어주다니, 이것은 엄청난 복지를 넘어 은혜라고도 표현할 수 있었을 거야.

요셉은 보디발의 집과 감옥에서 경제와 법률, 정치 등 폭넓은 공부를 했을 것 같아. 스스로에게 닥친 엄청난 위기의 시간, 고통의 시간에 일류 국가의 경영과 미래를 준비하는 능력과 새로운 사업을 추진시키는 능력을 갖추기 위해 부단히 노력하고 훈련했을 거라고 추측하게 된단다. 결국 요셉 한 사람의 경제에 대한 이해와 혜안이 바로와 애굽 백성 전체를 살렸다고 볼 수 있지. 총리의 자리에 올라 가족들을 기근에서 벗어나게도 했단다.

성도는 하나님이 불러주시기 전까지 이 사회에서 치열한 경제활동을 하면서 살 수밖에 없어. 그래서 월급을 받는 직장인이든, 자신만의 회사를 운영하는 사업자든, 싱도들도 경제 공부는 살아가면서 꼭 놓지 않아야 한다고 생각해.

시대에 따라 경제의 흐름과 분위기는 달라. 만약 농경사회라면 아버지의 직업을 물려받거나 성실히 농사짓는 것에만 집중하면 되었을 거야. 그러나 우리가 살고 있는 이 시대는 계속해서 경제활동의 효율을 높여야 하고, 그 효율성을 얼마나 높일 수 있느냐에 따라 돈을 벌 수 있단다. 우리는 예수님의 영광으로 가득한 변화산에 초막을 만들어 놓고 영원히 그곳에서만 머물러 있을 수는 없어. 산 아래에 있는 자본주의, 합리주의, 물질주의가 만연한 이 사회로 내려와 삶을 살아내야 하지.

아빠가 너희에게 권하는 것은 노동의 시간을 늘리는 게 아니란다. 대신 노동의 질을 높이는 데 집중하길 바란다. 모두에게 주어지는 하루의 시간은 같아. 최저 시급 1만 원으로 하루에 열여섯 시간을 성실히 일해서 16만 원을 버는 삶을 살기보다, 본인의 가치를 높여서 일의 효율을 높이고 노동의 시간을 줄이는 방향을 선택하렴. 노동시간이 줄어들어 여유 시간이 생기면 자기 성장을 위한 시간이 확보되어 자기계발을 할 수 있고, 이에 따라 노동의 질은 더 높아질 수 있단다. 이런 선순환이 계속되면 물질적으로도 조금씩 자유함을 얻을 수 있게 될 거야.

예주가 세뱃돈을 받고 신났어요

예수님의 변화산 아래에는
자본주의, 합리주의, 물질주의가 만연한
사회가 기다리고 있지.

사회 초년생의 지혜로운
재정 관리 방법은 뭘까?

언젠가 SNS 글에서 월급이 통장을 스쳐지나간다는 표현을 알게 되었어요. 영영 공감하고 싶지 않은 말이었지만, 서울로 독립을 하고나서부터는 저도 월급이 통장을 스쳐지나가는 경험을 종종 하게 되었습니다. 나름대로 계획된 지출을 하고 있다고 생각했는데 인생은 왜 이렇게 예외인 상황이 많은 건지… 매달 새로운 상황을 마주하고, 예상하지 못한 지출을 해야 할 때면 마음이 불안해졌습니다.

그렇게 부모님께 조언을 구하고 재정관리 계획을 새롭게 다시 세웠어요. 여러 시행착오가 있었지만, 몇 년이 흘러 이제는 "내 돈이 다 어디갔지?!"라는 당황스러움은 마주하지 않게 되었습니다. 계획한 대로 저축과 투자를 척척 해내고, 많은 돈은 아니지만 선교지로 떠난 친구에게 매달 후원도 할 수 있게 되었습니다. 이젠 '돈'이라는 것이 두려워하거나 집착해야 할 대상이 아니라, 하나님께서 나를 훈련하시고 이웃을 섬기게 하시는 도구라는 걸 알게 되었습니다. 가계부를 쓰는 것도, 신용카드를 조심히 사용하는 것도, 목표를 세우는 것도, 다 결국은 하나님 앞에서 신실한 청지기로 살아가기 위한 연습이라는 것을 알게 되었어요. '잘 버는 것'보다 더 중요한 건 '왜 버는가', '어떻게 쓰는가'였습니다.

사회 초년생부터 시작하면 좋은 재정 관리 방법

첫째, 가계부 쓰기 – 작은 돈도 흐르게 두지 말아라.

엄마 아빠는 결혼 초기부터 가계부를 열심히 썼단다. 그 가계부 첫 장엔 이런 기록이 있었어. '콩나물 50원.' 아주 사소하고 하찮아 보일 수도 있지만, 그 작은 금액 하나가 재정 관리를 시작하는 첫 단추였단다.

가계부를 쓰지 않으면 자신이 어디에 돈을 쓰는지, 어떤 흐름으로 지출이 일어나는지를 전혀 알 수 없게 돼. 그러면 아무리 많이 벌어도 결국은 적자가 나게 돼있지. 하나님께서 요셉을 보디발의 집으로 보내셨을 때 그에게 맡기신 일도 '재정을 관리하는 일'이었다는 걸 기억하니? 애굽 전체를 다스릴 때도 마찬가지였어. 단위만 다를 뿐, 본질은 같았단다.

돈이 적을 때부터 정직하고 꼼꼼하게 가계부를 쓰는 습관을 들이면, 훗날 수입이 많아졌을 때도 절대 흐름을 놓치지 않을 수 있어. 기억하렴, '작은 돈이니까 괜찮아'라는 마음이 재정을 무너뜨리는 시작이 될 수 있단다.

둘째, 고정 지출 줄이기 – 먼저 저축하고, 나머지를 써라.

재정 관리에서 가장 위험한 건 '고정 지출'이 커지는 거야. 월급이 들어오면 자동으로 빠져나가는 금액이 많아질수록, 내가 물질을 사용할 수 있는 자유는 점점 줄어들게 되거든. 아빠는 결혼 초기 일부러 신용카드를 만들지 않았어. 지금도 신용카드 할부는 절대 사용하지 않는단다. 할부는 미래의 자유를 지금 당장 팔아버리는 것이라는 경각심을 가지렴.

신용카드를 쓰고, 할부를 하다 보면 "아직 내 돈이 남아있다"라는 착각이 들지. 하지만 그건 이미 예약된 지출이자 결국 내 돈이 아닌 거야. 마음껏 신용카드를 사용하고 다음 달에 할부 금액을 갚아나가기를 반복하는, 멈추지 않는 굴레를 시작하지 않길 바란다.

그리고 가장 중요한 원칙은 남는 돈을 저축하는 게 아니라, 저축하고 남은 돈으로 살아가는 거야. 반드시 지켜야 할 원칙이란다. 장기 후원도 마찬가지야. 좋은 일도 내 형편에 맞게 또한 지혜롭게 기한을 정해서 조절하는 것이 필요해.

셋째, 재무 목표 설정하기 – 돈의 올바른 방향과 목표를 설정하라.

아빠는 목표 없이 돈을 모으는 사람을 보면 늘 안타까워. 왜냐하면 그 사람은 결국 돈 자체가 목적이 되기 쉽거든. 재정에도 방향이 있어야 한단다. 1년, 3년, 5년 단위로 구체적인 목표를 세우는 게 좋아. "내후년까지 전세 자금 ○○○ 모으기", "3년 후에는 빌라가 아닌 아파트로", "5년 뒤에는 근무지와 가까운 지역으로 이사가기" 같은 실제적인 목표 말이야. 이런 목표가 없으면 돈을 모으는 이유가 흐릿해지고, 어느새 출퇴근 네 시간 거리의 삶이 되어버리거나, 가족보다 일에 더 많은 시간을 쓰는 구조로 밀려나게 될 수 있단다.

참고로 할아버지 노트엔 무려 20년 치 재무 목표가 적혀 있었단다. 목표가 있다고 해서 다 이루는 건 아니지만, 목표 없이 사는 인생은 더 쉽게 길을 잃게 될 거야. 돈은 수단일 뿐이란다. 방향을 잃고, 그 수단이 주인이 되어버리지 않도록 하렴.

넷째, 이웃을 섬기기 – 돈 버는 이유를 잊지 말아라.

아이러니하게도, 돈은 이웃을 섬기기 위해 있는 것이란다. 사실 엄마와 아빠가 열심히 공부하고, 일하고, 재정 관리를 철저하게 해온 진짜 이유는 가난한 이웃 형제를 돕기 위함이야.

성경에서 다섯 달란트를 맡은 사람은 다섯을 남기고, 두 달란트를 맡은 사람은 둘을 남겼지. 하나님은 단위보다 비율과 마음을 보시는 분이니까 많이 받은 사람은 많이 남겨야 하고, 적게 받은 사람은 적게 남겨도 괜찮아. 하지만 우리가 가진 모든 것은 하나님께서 잠시 맡기신 것들이라는 것을 명심하렴. 그 맡기신 것을 잘 누리는 것, 그리고 잘 흘러보내는 것, 그것이 진짜 감사하는 삶의 모습이란다.

자기계발은
소비와 투자를 구분해야 해

한국에서 방학을 보내기 위해 귀국한 저에게 부모님은 단 한 번도 아르바이트를 권하신 적이 없습니다. 한때 카페 알바의 로망이 있었던 적도 있지만, 부모님은 저에게 아르바이트를 하기보다 자기계발을 하는 데 시간을 쏟으라고 말씀하셨어요.
아빠는 친구들과 함께 유학 도중 귀국한 자녀들을 모아 교회사 세미나를 진행하기도 했고, 함께 부동산 학원을 다니며 기본적인 지식들을 배우게 했어요. 또 평소 알고 지내던 작가님을 모셔서 포토샵과 사진을 공부할 수 있게 하는 등 정말 다양한 배움의 기회를 준비해 주셨습니다. 그렇게 방학이 되어 한국에 머무를 때마다 제가 할 수 있는 것들은 하나둘씩 더 많아져갔습니다.

그리스도인은 자기계발을 어떻게 해야 할까? 경제 공부에서 소비와 투자를 구분하는 것은 무척 중요해. 과거의 영광에서 벗어나지 못한 대화나 뒷담화가 난무한 술자리, 고가의 사치품을 구입해 만족감을 얻는 것 등은 경험을 가장한 소비라고 생각한다. 그러나 자기계발을 위한 도서를 구입하거나 자격증 취득을 위한 학원 등록, 세미나 참가비를 내는 것, 주식을 구입하고 투자신탁을 하는 것은 미래를 위한 투자로 구분할 수 있지.

아빠는 너희가 벌어들인 월소득에서 최저 생계비를 제외하고 남은 돈 1/2 정도를 자기계발이나 투자에 사용하는 것을 추천해. 안정적인 직장에 취직하기 전이나, 나중에 은퇴를 했을 때는 적자로 살아갈 수밖에 없어. 그래서 우리가 돈을 벌 때는 반드시 잉여자금을 만들어야 하고, 잉여자금으로 투자를 해야 한단다. 그렇지 않으면 노후 빈곤을 피할 수 없게 되겠지.

소비와 투자를 구분하기 어려운 것들도 있어. 어떤 이가 1억 원의 고성능 자동차를 사면 이것은 소비일까, 투자일까? 만약 그의 연봉이 2억이 넘어간다면 소비가 아닌 이동 시간의 편리함과 생활의 질을 높이는 투자라고 생각할 수 있을 것 같구나.

그렇다면 자기계발과 투자 중에서는 어떤 것이 더 가치가 있을까? 아빠는 자기계발의 가치가 더 높다고 생각해. 본인이 직접 투자를 하는 것보다 타인에게 투자를 받을 수 있는 능력을 갖춘 사람이 되는 것이 좋은 결과를 낼 수 있단다.

'1만 시간의 법칙'을 알고 있니? 한 분야에 1만 시간의 노력이 쌓이면 그 분야의 대가가 될 수 있다는 이론인데, 개인적으로 책과 논문을 통해 지식의 범위를 높이고 대가들을 만나 지혜를 배우면 1만 시간보다 더 짧은 시간 안에 대가가 될 수 있다고 생각한다. 건강 서적 1,000권을 읽으면 책을 평가할 수 있게 되고, 의학 논문으로 10년 넘게 공부하면 대가들의 어깨 위에 설 수 있게 된다는 것이 아빠의 결론이야.

하나님은 모두에게 공평하게 같은 시간을 주셨어. 모든 사람의 에너지에는 한계가 있기 때문에 집중과 적당한 포기도 필요하단다. 너희가 엄선한 분야에 집중해서 한 우물을 파고, 어느 정도 우물의 깊이가 생기면 또 다른 영역을 넓혀 나가기를 멈추지 않았으면 하는구나.

Part 7.
내 삶에 적용하며
살 수 있을까?

"엄마에게 종종 꽃을 선물할 때 아빠는 백만 송이 꽃을 생각한단다. 꽃을 피우는 과정에는 분명 고통과 고난의 잔이 있을 거야. 억울함도 있을 수 있지. 하지만 예수 그리스도와 연합된 너희는 주신 능력에 힘입어 그 꽃을 피울 수 있을 거야. 너희의 삶 곳곳에 백만 송이 장미가 피어나 하나님의 향기가 묻어나길 엄마 아빠가 늘 기도할게."

백만 송이 장미가 피어나
하나님의 향기가 묻어나길

아빠는 좋은 스피커로 노래 듣는 것을 즐거워하세요. 거실에도, 서재에도, 진료실에도… 일상을 보내는 곳이라면 어디든 잔잔한 노랫소리가 아빠의 공간을 메우고 있습니다. 덕분에 아빠가 듣는 올드 팝송이 귀에 익어서 저는 또래와 조금 다른 노래 취향을 가지게 되었어요. 그런데 어느 날, 늦잠을 자는데 평소와 다른 노래를 듣고 일어나게 되었어요. 갑자기 구성지다는 표현이 어울리는 옛날 노래에 심취해있는 아빠의 모습이 낯설게 느껴졌습니다. 당황스러운 표정으로 할 말을 잃은 저에게 아빠는 심수봉씨의 〈백만 송이 장미〉 노래에 담긴 이야기를 들려주셨어요.

먼 옛날 어느 별에서 내가 세상에 나올 때 사랑을 주고 오라는
작은 음성 하나 들었지
성도가 이 땅에 존재하는 이유, 삶의 정체성, 삶의 기원은
이 땅에 매여 있지 않습니다. 별나라 즉 다른 세상, 완전한
세상에 있습니다.

사랑을 할 때만 피는 꽃 백만 송이 피워 오라는
진실한 사랑 할 때만 피어나는 사랑의 장미
우리는 그분의 뜻을 따라 진실한 사랑을 할 때만 피어나는
꽃을 이 땅에 피워내야 합니다.

미워하는 미워하는 미워하는 마음 없이
아낌없이 아낌없이 사랑을 주기만 할 때
이 꽃은 미워하는 마음 없이, 아낌없이 사랑을 줄 때 피어
납니다.

수백만 송이 백만 송이 백만 송이 꽃은 피고
그립고 아름다운 내 별나라로 갈 수 있다네

이 사랑의 사명을 다하며 이 삶을 다 살면 아름다운 내 별나라, 즉 천국으로 갈 수 있습니다.

미워하는 미워하는 미워하는 마음 없이
아낌없이 아낌없이 사랑을 주기만 할 때
미워하는 마음 없이 아낌없이 사랑을 주기만 하는 삶은 불가능한 것같이 느껴집니다. 진실한 사랑이 무엇일까 생각하면 괴로운 눈물이 흐릅니다.

수백만 송이 백만 송이 백만 송이 꽃은 피고
그립고 아름다운 내 별나라로 갈 수 있다네
내가 백만 송이 꽃을 피우려 행한 사랑의 노력은 아무런 대가가 없는 것처럼 여겨집니다. 진실한 사랑을 해도 어느 누구 하나 알아주지 않습니다. 그래서 외로운 눈물을 흘립니다.

헤어져간 사람 많았던 너무나 슬픈 세상이었기에
세상을 살아갈수록 헤어져간 사람들이 많습니다. 너무나도 슬픈 이 세상은 나를 절망하게 만듭니다.

수많은 세월 흐른 뒤 자기의 생명까지 모두 다 준 비처럼

홀연히 나타난 그런 사랑 나를 안았네

그때 한 분이 나타나십니다. 완전한 아가페의 사랑을 가진 그리스도 예수, 세상 조건을 문제 삼지 않으신 분, 예수님은 나에게 당신의 생명까지 주셨습니다. 그 완전한 사랑으로 나를 안으셨습니다.

이젠 모두가 떠날지라도 그러나 사랑은 계속 될 거야

이제 예수님의 사랑을 알게 되니 주변인들이 다 떠날지라도 나의 사랑은 계속될 것입니다. 예수 그리스도와 함께하니 더 많은 꽃을 피우고 영원한 저 천국으로 돌아갈 것입니다.

_심수봉, 〈백만 송이 장미〉

아빠는 가수 심수봉의 노래 〈백만 송이 장미〉를 좋아해. 이 노래를 듣고 있다 보면 우리는 사랑 받기 위해 태어난 사람이 아닌, 사랑하기 위해 태어난 사람이라는 생각이 들어. 사람의 힘으로는 불가능한 일이겠지만 그리스도께서 우리를 안으셔서, 예수님과 우리가 하나 된다면 우리는 이 세상을 살면서 백

만 송이 장미를 피울 수 있단다. 꽃을 피우는 방법에는 총 세 가지 단계가 있어.

먼저 1단계는 교회 안에 있는 성도를 사랑으로 섬기는 것이란다. 마태복음 25장에서 예수님께서는 '형제 중에 지극히 작은 자에게 한 것이 곧 나에게 한 것'이라고 말씀하셨지. '형제 중에 지극히 작은 자'라고 하셨으니 이것은 교회 안에서 약한 성도를 섬기는 것을 의미해. 권사님께서 호박을 하나 따서 형제에게 나누어주는 것도, 수요예배 후에 집이 가까운 사람들이 교회에 남아 예배당을 청소하는 것도, 아무도 모르는 골방에서 연약한 성도를 위해 기도하는 것도, 직접 농사지은 배추로 김치를 담아 선물하는 것도 백만 송이 장미꽃을 피우는 방법이란다.

다음으로 2단계는 교회 밖에서 만난 사람들을 사랑으로 섬기는 거야. 선한 사마리아인을 떠올려보면 좋겠구나. 길을 가다 강도 만난 사람을 도운 것처럼 일상 중에 만난 이웃에게 베푸는 사랑과 섬김이 백만 송이 꽃을 피우는 두 번째 단계라고 할 수 있어. 평범한 나의 일상에 함께하고 있는 가족들, 친구들, 회사의 직원들, 식당의 종업원 등 우리가 일상을 살아갈 때 구원의 감격과 떨림을 잊지 않고 선택받은 하나님의 자녀로서 이웃을 대하면 두 번째 단계의 사랑의 꽃을 피울 수 있단다.

마지막으로 우리가 3단계의 꽃을 피우려면 하나님 앞에서 선한 싸움을 해야 해. 십자가를 지고 골고다 언덕을 올라가시기 전 본디오 빌라도 앞에서 예수님은 침묵하셨어. 마치 죄인인 것처럼 자신이 죄가 없음을 말씀하지 않으셨지. 주께서 침묵하신 이유는 죄인인 우리를 대신해서 십자가를 지고자 하는 분명한 목적이 있었기 때문이었을 거야.

성도 된 우리도 이런 예수님의 모습을 닮아가야 한단다. 억울할 수 있지만, 나의 정당함을 드러내며 권리를 주장할 수 있지만, 하나님의 뜻을 이루기 위해서라면 묵묵히 침묵할 수 있어야 해. 현실적으로 어려운 상황에서도 하나님의 부르심에 온전히 집중하며 믿음의 삶을 살아내야 해. 그래야 하나님이 명하신 대로 이 땅에서 빛과 소금으로 존재할 수 있단다.

우리가 이런 모습으로 꽃을 피우면 세상 사람들은 조금 의아해할 수도 있어. 누군가는 교회에 다니는 사람에 대해 긍정적인 평가를 하게 되겠지. 하지만 우리는 365일 매 순간 사랑의 꽃을 피울 수 없기에 이웃들이 나의 죄 된 모습을 보게 되면 나와 내가 속한 교회까지 손가락질할 거야. 이런 사람들의 반응은 우리를 십계명 중 제 3계명 앞에 서게 한단다.

제 삼은, 너는 네 하나님 여호와의 이름을 망령되게 부르지 말라.

　백만 송이 장미를 피우지 않는 인생은 제3계명을 어기는 인생이 되는 것이고, 백만 송이 장미를 피우는 인생은 하나님의 이름을 영화롭게 하는 인생이 되는 거야. 오랫동안 교회를 다닌 사람이라면 내 모습이 하나님의 이름을 영화롭게 하고 있는지, 또 믿지 않는 사람들로 하여금 교회에 긍정적인 생각을 가지게 하고 있는지 돌아볼 필요가 있어. 너희의 모습을 보고 하나님이 궁금해져서 교회에 나오는 사람이 일생 중에 한 명은 있어야 하지 않을까? 혹여나 너희의 모습을 보고 교회에 나오지 않게 된 사람이 있다면 정말이지 자신의 모습을 잘 돌아봐야 한단다.
　엄마에게 종종 꽃을 선물할 때 아빠는 백만 송이 꽃을 생각한단다. 백만 송이 꽃을 피우는 과정에는 분명 고통과 고난의 잔이 있을 거야. 억울함도 있을 수 있지. 하지만 예수 그리스도와 연합된 너희는 주신 능력에 힘입어 백만 송이 꽃을 피울 수 있을 거야. 너희의 삶 곳곳에 백만 송이 장미가 피어나 하나님의 향기가 묻어나길 엄마 아빠가 늘 기도할게.

열심히 꽃에 물을 주면 백만 송이 장미가
피어나겠죠?

그리스도께서 우리를 안으셔서,
예수님과 우리가 하나가 된다면 우리는 세상에서
백만 송이 장미를 피울 수 있어.

불청물떡, "불의한 청지기처럼 심판의 날을 준비하자"

어렸을 때, 성경에서 불의한 청지기 이야기가 나올 때면 그날의 묵상은 풀지 못하는 숙제가 되곤 했어요. 이야기의 흐름을 도무지 이해할 수 없었습니다. 주인에게 나쁜 놈이라고 욕을 먹어도 시원찮을 마당에, 칭찬을 받다니… 괜히 감정 이입이 돼서 그 모습을 지켜보던 주변 사람들은 얼마나 어이가 없었을까. 덩달아 기분이 좋지 않았어요. 그동안 아빠가 불의한 청지기에 대한 이야기와 설명을 여러 번 반복해서 해주셨지만, 20대 후반이 되어서야 그 불의한 청지기 이야기에 담긴 깊은 뜻을 이해하게 되었습니다.

이 땅을 살아가며 양손 가득 무언가를 쥐고 내 것이라 뿌듯해 하는 모습이 얼마나 바보같은 일인지… 불의한 청지기를 통해 나의 소유가 아무것도 없음을 인정하고, 이 땅을 살아가는 동안 하나님께서 맡겨주신 재물로 베푸는 삶을 살라는 말씀을 이해할 수 있었어요. 또한 베풂의 모습 속에 숨겨진 인간의 욕심조차 선하게 사용하시는 하나님의 놀라운 일하심을 생각하게 되었습니다.

> 주인이 이 옳지 않은 청지기가 일을 지혜 있게 하였으므로 칭찬하였으니 이 세대의 아들들이 자기 시대에 있어서는 빛의 아들들보다 더 지혜로움이니라(눅 16:8).

누가복음 16장에는 불의한 청지기에 대한 이야기가 나온단다. 어떤 부잣집의 청지기가 어느 날 주인의 소유를 낭비한 것을 들켜서 자신의 직분을 빼앗길 위기에 처했어. 그러자 그는 주인에게 빚진 자들을 찾아가 마음대로 주인의 재물을 감하는 증서를 써준단다. 하지만 주인은 이 모습을 보고 "빛의 아들들보다 더 지혜롭다"라고 청지기를 칭찬하지. 아직도 정신을 못 차리고 더 큰 잘못을 저지른 불의한 청지기를 칭찬하다니, 충분히 의문을 가질 만한 부분이야.

하나님께서 우리에게 원하시는 삶의 모습에는 이기적인 지혜가 있단다. 아빠는 이것을 "불의한 청지기는 물에 떡을 던진다"고 해서 '불청물떡'이라고 이야기하곤 해. 불청물떡에 대한 아빠의 해석을 이야기해 줄 테니 잘 생각해 보렴.

말라기 4장에는 "여호와의 크고 두려운 날은 불현듯 임한다"고 나와 있어. 이것은 분명히 말씀하신 심판의 날을 뜻하는데 우리는 그날에 대한 정확한 날짜와 때를 알지 못하고 살아간단다.

영화 〈암살〉의 마지막 장면에서 안옥윤(전지현)이 염석진(이정재)에게 총을 겨누고 왜 동료와 민족을 배신했냐고 물어보던 것을 기억하니? 그 질문에 염석진은 이렇게 답하지.

"해방될지 몰랐으니까!"

그는 심판의 날이 이렇게 빨리 다가올 줄 몰랐던 거야. 이에 반하여 심판의 날을 똑똑하게 준비한 사람이 있으니, 그건 바로 우리가 앞서 이야기한 '불의한 청지기'란다. 그는 주인의 것을 마음껏 허비하다 자신에게 심판의 날이 가까이 다가오자 고민했어. 심판 이후의 삶을 대비한 거야. 그래서 주인에게 빚진 사람들의 빚을 없애거나 감해 주면서 자신의 살길을 찾았던 거지. 예수님은 불의한 청지기 이야기를 통해 심판의 때를 대비하고 있는 청지기의 모습을 칭찬하셨어. 심판을 대비하는 지혜를 보인 청지기를 아주 높게 평가하신 거란다.

전도서 11장 1절에서는 떡을 물에 던지라고 하셨어. 그리고 던지면 찾을 거라고 하셨단다. 우리가 섬진강 다리 위에서 점심에 먹을 도시락을 강에 던지면 다시 찾을 수 있을까? 아마 불가능할 거야. 우리는 이 말씀을 합리적이지도 않고 이성적이지도 않은 행동이지만 이웃에게 아낌없이 나누고 베풀라는 말씀으로 이해할 수 있단다. 합리적이고 이성적인 것보다 더 중요한 것이 이웃과 나누고 베푸는 것이라는 이야기지.

그리고 우리 손에 주어진 떡은 우리의 것이 아닌 주인의 소유라는 사실을 잊으면 안 돼. 우리에게 있는 모든 것은 하나님께서 잠시 맡겨주신 것이니, 어떠한 재능도 물질도 건강도, 심지어는 한 호흡까지도 우리의 것이 아니란다. 그러니 그것을 나누어주든, 물에 던지든, 차용증서의 숫자를 반으로 줄이든 다 주인의 것으로 하는 것이지. 불의한 청지기의 행동은 사실 자기 영혼에 대한 이기적인 사랑 때문이었지만, 그럼에도 주인 되신 하나님께서는 잘했다고 칭찬해 주신단다. 우리가 삶을 살아가며 이기적이게 행동할 수 있다면 불의한 청지기의 이기심 정도가 되어야 하지 않을까 생각하게 되는구나.

'엄개'와 '따개',
율법 앞에서 작아질 때 필요한 것

오랜 시간이 걸려 온 가족이 개혁신앙에 자연스러워질 때쯤 저는 이전과는 비교할 수 없는 안정감과 따뜻함을 느낄 수 있있어요. 엄격하고 엄밀했던 아빠의 글도 점차 변하여 다시 따뜻해졌습니다. 저희 가족은 개혁주의 신앙과 청교도 신앙을 공부하기 시작하며 이전보다 더 깊고 많은 대화를 할 수 있었어요. 오고 가는 질문과 답, 삶 속에서의 크고 작은 간증이 삶의 든든한 울타리가 되어주었습니다.

우리 가족의 신앙의 과정에서 '엄개'가 나타났던 이유는 두려움 때문이었습니다. 율법과 하나님께서 지키라 명하신 말씀들을 배우고 나면, 율법을 지키지 못할까 봐 두려워서 잘잘못을 따질 수밖에 없게 되었던 것이죠. 아빠 역시 글이 날카로워졌던 때를 떠올리면 사랑하는 딸들에게 말씀과 율법을 잘못 가르칠까 봐 몹시 두려웠던 시절이었다고 하셨어요.

하지만 하나님은 긴 시간을 통해 우리 가족을 차근차근 훈련하셔서 신앙의 본질에 가까워지게 하셨고, 결국 율법과 심판의 메시지에 담긴 무궁무진한 사랑을 알게 하셨습니다. '따개'의 단계로 성장하니, 성경의 모든 메시지가 저에게 큰 위로와 따듯한 품으심으로 다가왔어요.

사람의 본성은 항상 죄를 향하고 있어서 엄밀한 개혁신앙에 빠지기 쉬운 것 같습니다. 아무리 단련된 사람일지라도 방심하는 순간 '엄개'의 굴레에 갇혀 정죄하는 마음을 갖기 십상이고, 잘잘못을 따지다가 하나님의 진짜 마음을 오해하게 되는 것 같아요. '엄개'는 신앙의 성장에 분명히 거쳐야 하는 단계라는 생각도 들지만, 다시 엄밀한 개혁신앙으로 돌아가 마음을 차갑게 하고 싶지 않아졌습니다. 사람의 기준을 가지고 말씀을 보지 않게 해달라고, 하나님의 율법과 말씀이 내 손 위에 있는 양 교만하게 굴지 않게 해달라고 기도해야겠습니다.

팔복을 기억해 보렴. 하나님께서는 십계명 앞에 낙담하고 있는 우리에게, 또 돌아온 탕자와 같은 우리에게 팔복을 주셨어. 예수님이 산에서 주신 가르침을 우리는 '산상설교'라고 하는데 마태복음 5장 3-12절에 팔복에 대한 말씀이 나온단다.

심령이 가난한 자는 복이 있나니 천국이 그들의 것임이요(3).

첫 번째는 심령이 가난한 자의 복을 말하고 있어. 심령이 가난하다는 것은 무엇일까? 예주가 고민했던 것처럼 십계명을 잘 살아내지 못해 괴로운 마음이라고 생각할 수 있단다. 또 영적으로 가난하여 갈급함이 있는 상태를 뜻하기도 해. 이런 괴로운 마음을 가진 사람들이 오히려 복이 있고 천국에 간다니 조금 이상하게 보일 수도 있을 거야. 하지만 시편 40편 17절을 보면 심령이 가난한 자는 자신의 무능력함을 알고 하나님만 구하는 삶을 살게 된다는 것을 알 수 있단다. 내 힘으로는 단 하루도 살 수 없음을 기억하고 하나님의 도우심을 간절히 구하는 사람이 정말 복이 있는 사람이야. 너희가 그런 사람이 되길 바란다.

애통하는 자는 복이 있나니 그들이 위로를 받을 것임이요⑷.

두 번째는 애통하는 자의 복을 말하고 있어. 너희는 어떤 상황에서 슬픔과 애통함을 느껴봤니? 돈이 없거나 소중한 사람을 잃거나, 혹은 병들거나 억울한 상황에 놓일 때 사람들은 애통함을 느낀다고 말하지. 그러나 예수님이 말씀하신 애통은 선을 행하고 싶으나 죄 된 본성 때문에 선을 행하지 못하는 것, 선을 행하지 못함에 낙심하고 절망하는 것을 가르키고 있단다. 천국에 들어갈 수 있는 의가 하나도 없어 울부짖는 사람들은 어느 날 십자가를 보게 돼. 그리고 귀한 십자가의 은혜에 엄청난 감격과 위로를 느낄 수 있지. 우리는 부족한 모습이지만 애통하는 마음에 하나님의 위로가 넘치니 얼마나 복된 삶인지 몰라.

온유한 자는 복이 있나니 그들이 땅을 기업으로 받을 것임이요⑸.

세 번째는 온유한 자의 복을 말하고 있단다. 민수기 12장 3절에 보면 모세를 온유한 사람이라 표현하고 있어. 아론과 미리암이 모세를 비방했을 때 모세는 직접 행동하지 않았지. 단지 하나님께 맡길 뿐이었어. 이렇게 온유는 어떤 일에 대해 섣부르게 판단하고 행동하기보다 하나님의 역사하심을 기다리며 인내하는 것을 말한단다.

> 의에 주리고 목마른 자는 복이 있나니 그들이 배부를 것임이요(6).

네 번째 복은 의에 주리고 목마른 자의 복을 말하고 있어. 이것은 두 가지로 해석해 볼 수 있단다. 하나는 하나님 앞에서의 의를 뜻하고 있어. 이것을 '정의'라고 하지. 다른 하나는 타인 앞에서의 의를 뜻하고 있는데, 결국 의에 목마르다는 것은 하나님 뜻대로 살고자 하는 열망, 예수님을 닮고자 하는 열망, 그리고 성령님의 역사하심대로 살고자 하는 열망을 뜻한단다. 타인에게 백만 송이 장미를 피워 예수님을 닮아가고자 하는 열망이라고 해석할 수도 있겠구나.

예수님을 닮고자 하는 열망이 마음에 가득할 때 세상 것에 대한 욕망이 들어설 틈이 없으니 근심이나 불안, 원망이나 불만이 없는 참으로 복된 삶이지 않을까?

긍휼히 여기는 자는 복이 있나니 그들이 긍휼히 여김을 받을 것임이요(7).

다섯 번째 복은 긍휼히 여기는 자의 복을 말하고 있어. 긍휼은 쉽게 표현하면 불쌍히 여기는 것인데 선한 사마리아인처럼 강도를 만나 죽어가는 사람을 그냥 지나치지 않는 것이 곧 긍휼이란다. 하나님을 알지 못해 지옥에 갈 수밖에 없는 영혼을 불쌍히 여겨서 설령 구박을 받을지라도 그에게 복음을 전하고 그를 위해 기도하는 것이 긍휼을 행하는 모습이라고 할 수 있어. 우리가 타인을 긍휼히 여기며 살아갈 때 비로소 긍휼히 여기시는 하나님께 나의 연약한 모습을 고백하며 "어찌할까요"라고 기도할 수 있지 않을까?

마음이 청결한 자는 복이 있나니 그들이 하나님을 볼 것임이요(8).

여섯 번째는 마음이 청결한 사람의 복을 말하고 있어. 마음이 청결하기 위해서 우리는 예수님을 통해 죄 씻음을 받아야 한단다. 예수님의 보혈만이 나를 정결하게 할 수 있고, 우리가 정결하게 되었을 때 비로소 하나님이 보이게 될 거야.

> 화평하게 하는 자는 복이 있나니 그들이 하나님의 아들이라 일컬음을 받을 것임이요(9).

일곱 번째는 화평하게 하는 자의 복을 말하고 있단다. 엄마가 매일 아침 너희에게 보내는 아침인사 '샬롬'은 화평이라는 뜻을 가지고 있어. 샬롬은 하나님과의 관계가 회복된 상태를 뜻하기도 하지. 그리스도로 인해 나와 하나님의 관계를 화목하게 하고, 이웃과의 관계도 화목하게 하는 것이 바로 화평하게 하는 자의 모습이란다. 많은 사람들과 좋은 관계를 맺고 조용히 전도하는 너희 엄마의 모습을 보면 꼭 화평하게 하는 자가 생각난단다.

> 의를 위하여 박해를 받은 자는 복이 있나니 천국이 그들의 것임이라(10).

마지막 여덟 번째는 의를 위하여 박해 받는 사람의 복을 말하고 있어. 박해는 단순히 비난당하는 것을 뜻하지 않아. 예수님을 전하다가 비난과 멸시를 받고 죽음에 이르게 되는 것을 박해라고 한단다. 즉 주님 때문에, 주님을 위해 당하는 고난이 있다면 그것이 곧 의를 위해 받는 박해라고 생각할 수 있겠구나. 예수님께서 빌라도 앞에 서신 것처럼, 마치 이웃에게 죄지은 사람처럼 이웃을 섬기며 십계명을 살아내는 것이 바로 의를 위한 박해를 견디는 삶이라고 생각할 수 있어.

이런 팔복의 결과는 모두 천국을 소유하는 것이란다. 혹시 너희가 택함 받은 언약 백성으로서 본분을 다하지 못하고 살아간다고 해도 팔복 중 애통이 있는 것은 복이니까, 이보다 더 큰 복이 없겠지?

아빠 역시 여전히 주기도문과 사도신경이 어렵고, 십계명을 살아낼 능력이 없단다. 게다가 내면과 다르게 그럴싸해 보이는 외적 조건들을 갖고 있기 때문에 매 순간 더 큰 위기에 놓이는 심정이야. 그래서 아빠는 사실 장로가 되기 싫었어. 교회에서 투표를 진행할 때 스스로에게 반대표를 던졌지. 결과를 보니 딱 한 표를 제외한 모든 표가 찬성을 했더구나. 너희 엄마도 아빠가 장로가 되는 것에 찬성한 것이었어. 엄마에게 남편이 장로감이라고 생각했는지 물었는데 돌아오는 대답은 이랬단다.

"당신이 장로감인지 아닌지 고려한 투표는 아니었어요. 다만 지금 우리 교회에는 나이 많으신 은퇴 장로님들만 계시니 누군가는 직분을 받아 일해야죠. 교회의 유익을 위해 투표한 것이지 당신이 장로감인지 아닌지는 생각하지 않았어요."

장로 직분을 받기 싫은 이유는 몇 가지가 있었어. 2주에 한 번씩 대표기도를 해야 하는데 외식으로 길고 멋있게 기도하려는 자아와 싸워야 하는 것이 싫었고, '장로'라는 이름 때문에 더 깊어질 내면의 갈등을 마주하고 싶지 않기도 했단다.

엄마 아빠는 매 주일 예배시간보다 30분 일찍 교회에 도착해. 예배당을 둘러보며 손길이 필요한 부분이 있는지 살피고, 엄마는 교회에 오시는 분들을 맞이하며 안내를 하고, 아빠는 거동이 불편하신 분들을 휠체어에 태워 언덕 위에 있는 예배당까지 모시는 일을 하지. 많은 권사님과 집사님들, 장로님들이 그런 모습을 칭찬해 주셔. 이렇게 교회를 섬기고 봉사할 때 우리는 서로 정반대되는 두 가지 결과를 마주할 수 있단다.

하나는 다윗처럼 성전을 만들어 하나님께 복을 받을 수도 있고, 반대는 아나니아와 삽비라처럼 전 재산의 반을 헌금하다 죽음을 맞이할 수도 있어. 사실 엄마 아빠가 어떤 본심을 가지고 교회를 섬기는지는 타인도, 우리 자신도 알지 못해. 오직 성령 하나님만이 아실 것이란다. 그래서 날마다 마주하게 돼. 두 가지 마음이 내 속에서 싸우는 것이 분명하기 때문이야.

  아빠도 수시로 흔들린단다. 너희도 이런 두려움과 마주할 때가 있다면 하나님께 대롱대롱 매달리렴. 신자로서의 삶, 자녀로서의 삶을 살아내는 데 필요한 지혜를 열심으로 구하는 너희가 되었으면 좋겠구나.

두려움을 마주할 때는 하나님께 대롱대롱 매달리자!

십계명을 잘 살아내 보리라
다짐하는 어른이 되어라

초등학교를 졸업할 때까지 아빠는 매일 밤 굿나잇 기도를 해주셨어요. 그리고 기도의 마무리는 항상 같은 내용이었습니다. "좋은 친구, 좋은 선생님, 좋은 목회자, 좋은 배우자를 만나게 해주세요." 그 기도의 힘으로 하나님께서는 제가 언제, 어디에 있든지 좋은 어른들을 만나게 해주셨습니다. 언제나 든든한 가족들은 물론, 유학시절 제2의 부모님이 되어주신 소중한 선생님들도 계셨고, 직장에서도 저의 가치를 알아봐 주시고 순수한 응원을 건네는 분들이 계셨어요. 새로운 교회에 정착하게 되었을 때도 지혜로운 어른들을 만나 든든한 채워짐을 누릴 수 있었습니다. 그렇게 시간이 흘러, 이제는 함께 엘리베이터를 탄 아이들이 저에게 "안녕하세요"라고 인사를 합니다. '이모', '선생님'이라는 호칭도 자연스러워지고 있어요. 사실 10대에 꿈꿨던 20대의 후반이 현실과 너무 달라서 당황스럽기도 하지만, 자라온 시간 동안 제가 받은 사랑이 너무나도 많기에 저 역시 좋은 어른이 되고 싶다는 생각을 해봅니다. 어떤 어른이 돼야 할까요?

벌써 보인이와 예주가 20대가 되었다니 시간이 정말 빠르게 느껴지는구나. 앞으로는 교회에서, 직장에서, 가정에서 너희가 품어야 할 더 어린 친구들을 많이 만나게 될 거야. 어떤 어른이 되어야 할까 고민한다면 카우아이섬 종단연구 이야기와 잠언을 살펴보는 것이 좋을 것 같아.

카우아이섬 이야기

하와이에 '카우아이섬'이라는 아름다운 지역이 있었어. 하지만 아름다운 자연환경과는 반대로 이 섬은 가난과 질병, 알코올 중독, 성범죄, 마약 중독이 난무하는 저주받은 지역으로 여겨졌지. 이 때문에 정신질환 환자들도 많이 있었고, 아이들은 제대로 된 교육을 받을 수도 없었어. 종단연구란 오랜 시간 동안 진행하는 연구를 뜻하는데, 한 연구팀이 카우아이섬을 대상으로 30년 이상 연구를 진행했단다. 연구의 가장 기본적인 개념은 "사람은 환경에 영향을 받는다"였지. 마약 중독자의 아이는 마약 중독자가 되고, 범죄자의 아이는 범죄자가 될 가능성이 높다는 가설을 세우고 이를 증명하기 시작한 거야. 하지만 M이라는 아이를 발견하면서 새로운 연구 결과가 발표돼. 카우아이섬에서 자란 M은 학교 회장에 SAT 성적 상위 10% 안에 들 정도로 미국에서 원하는 이상적인 아이로 자라났어. 종단연구를 진행하며 조사했던 833명의 아이들 중 결손가정을 포함해 부모의 범죄나 부재로 인한 고위험군 201명의 아이들을 따로 분류했는데, 고위험군으로 분류된 201명의 아이들 중 M을 비롯한 72명의 아이들이 이상적인 올바른 아이로 자라난 거야. 고위험군 아이들 중 30%가 생각지 못한 결과를 보여준 것인데, 이 30%의 아이들은 공통적으로 높은 '회복 탄력성'을 보였단다. 그리고 30%의 아이들을 조사한 끝에 내린 결론은 "아이의 입장을 무조건적으로 이해해 주고 지지해 주는 어른이 아이의 인생에 단 한 명이라도 있다면, 어려운 환경과 관계없이 멋진 인생을 살아낼 수 있다"는 것이었어.

전에 너희가 "가까이에 좋은 어른이 많이 계셔서 감사하다"

고 했었지. 엄마와 아빠 말고도 긴 유학 생활 동안 부모의 마음으로 돌봐주신 여러 선생님들, 교회에서 만난 수많은 목사님, 장로님, 권사님, 집사님들에게 많은 사랑과 응원과 기도를 받고 자랐으니 너희도 분명 좋은 어른이 될 수 있을 거라고 믿는다. 너희를 통해 사랑을 보이실 하나님을 기대하렴.

욕먹을 때와 칭찬받을 때

아빠도 살다 보면 욕먹을 때가 있단다. 누군가 나에게 "위선적이다, 교만하다, 말과 행동이 다르다, 뻔뻔하다"라고 비아냥거린다면 이렇게 답하려고 해.

"아니요, 잘못 아셨습니다. 저는 단순히 위선적이지 않습니다. 매우 위선적입니다. 저는 단순히 교만하지 않습니다. 매우 자고합니다. 또한 저는 제 말과 행동을 완벽히 일치시킬 수 있는 능력이 아예 없습니다. 저는 뻔뻔함을 넘어 몰염치합니다. 저는 당신이 생각한 것보다 더 위선적이고 더 교만한 훨씬 더 나쁜 자입니다.
그러나 이런 죄와 허물로 죽은 자였던 저를 하나님께서 만세 전에 택하여주셨습니다. 예수 그리스도께서는 제 죄를 사하시기 위해 십자가에서 대신 죽으셨고, 장사되셨고, 부활하셨습니다. 그래서 이런 허물과 죄에도 불구하고 저는 용서함을 받은 주의 백성, 하나님의 자녀가 되었습니다.

이렇게나 나쁜 저를 왜 택하셨는지는 저도 알지 못합니다. 그저 하나님께서 기뻐하신 뜻 가운데 저를 택하여주심에 감사할 뿐입니다. 제게 선물 같은 믿음을 허락하셔서 삼위일체 하나님과 사도신경, 칭의와 전가, 성경의 모든 이야기가 다 믿어지니 저는 구원을 받았다 확신할 수 있습니다."

아빠가 오직 은혜로 죄 용서를 받아 천국 백성이 되었디고 해서 앞으로 아빠가 죄 없이, 어떤 허물도 없이 온전한 인생을 살아갈 수 있을까? 아쉽게도 그럴 가능성은 전혀 없단다. 내 안에 선을 행하려는 마음과 죄를 행하려는 마음이 언제나 다투고 있기 때문이지. 마음 아픈 사실은 이런 내 모습으로 인해 하나님과 기독교에 대한 비난과 조롱이 많아질 수 있다는 거야. 그래서 매 순간 스스로를 다잡으며 주님이 말씀하신 대로 십계명을 잘 살아내 보리라 다짐하는 것이란다.

이와 반대로 삶을 살다 누군가에게 칭찬을 받는다면 아빠를 창조하시고, 택하시고, 세심하게 통치하셔서 선행의 능력을 행하게 하신 하나님께 감사를 돌려야겠지. 아빠에게 있는 모든 것이 하나님이 잠시 주신 것이라는 사실을 인식하면 지금 당장 호흡하는 한 줌의 공기까지 감사의 제목이 될 수 있단다. 아무런 힘이 없는 이 땅의 인생을 보며 살아가지 말고, 날마다 순간마다 선한 것을 공급해 주시는 예수 그리스도를 바라보길 바란다. 그리고 작은 일 하나에도 하나님께 영광을 돌리는 삶이 되기를 기도할게.

"아빠가 가르쳐 준 대로 살지 못하면 어떡하죠?"

아빠가 중학생 때 담임선생님이 반 학생들에게 권하신 어거스틴(Augustinus)의 『참회록』을 읽게 되었어. 책을 뽑아들어 차분히 읽어나가는데 이렇게까지 적나라하게 자기 잘못을 드러내는 사람이 있다니 무척 놀라웠단다. 특히 주교의 신분을 가진 사람이 배 과수원에서 먹지 못할 배를 따버려 농부의 1년 배 농사를 망치고, 그것으로도 모자라 그 배를 돼지에게 던지며 낄낄거렸던 과거 부분이 인상 깊었어. 자신의 부끄러운 과거 이야기를 회상하며 적나라하게 기록한 어거스틴의 입장을 이해할 수 없었던 것 같아.

훗날 어거스틴의 『참회록』 같은 글을 몇 번 더 마주하게 되었단다. 러시아의 대문호인 톨스토이(Leo Tolstoy)의 『참회록』도 비슷한 성격을 가지고 있었는데 책에서 그는 이렇게 고백하고 있었어.

"나는 전쟁에서 많은 사람들을 죽였다. 남을 죽이기 위해 결투를 신청했다. 카드놀이로 큰돈을 잃었고 (…) 기만, 절도, 간음, 만취, 폭행, 살인 (…) 내가 하지 않은 죄악은 거의 없었던 것 같다."

톨스토이는 50대가 되었을 때, 자신의 죄악 된 인생을 돌아보며 죽음에 대해 생각했어. 언제든지 자신에게 닥칠 죽음과 스스로에 대한 존재를 생각할수록 남은 인생을 무엇을 위해 살아갈 것인지 고찰하게 되었다고 쓰어있디구나. 너희가 좋아하는 윤동주 시인도 참회의 시를 썼어. 윤동주 시인이 참회록을 쓴 것은 일본 유학길에서 도항 증명서를 받기 위해 어쩔 수 없이 창씨개명을 한 후였지.

참회록

윤동주

파란 녹이 낀 구리 거울 속에

내 얼굴이 남아있는 것은

어느 왕조의 유물이기에

이다지도 욕될까.

나는 나의 참회(懺悔)의 글을 한 줄에 줄이자.

— 만(滿) 이십사 년 일 개월을

무슨 기쁨을 바라 살아왔던가.

내일이나 모레나 그 어느 즐거운 날에

나는 또 한 줄의 참회록(懺悔錄)을 써야 한다.

— 그 때 그 젊은 나이에

왜 그런 부끄런 고백(告白)을 했던가.

밤이면 밤마다 나의 거울을

손바닥으로 발바닥으로 닦아 보자.

그러면 어느 운석(隕石) 밑으로 홀로 걸어가는

슬픈 사람의 뒷모양이

거울 속에 나타나온다.

또 다윗 왕도 시편 51편에 참회록을 썼단다. 다윗은 본인이 태어날 때부터 죄인이어서, 죄만을 사랑하는 존재였다고 고백하고 있어(시 51:5). 예수님을 세 번 부인한 베드로는 어땠을까?

루도비코 카라치(Ludovico Carracci)가 그린 〈성 베드로의 참회〉는 베드로가 예수님을 세 번 부인하고 나서 닭이 울자, 뒤늦게 예수님의 말씀을 떠올리며 눈물을 흘리는 장면을 묘사했어. 그리고 누가복음 22장 61-62절에는 "주께서 돌이켜 베드로를 보시니 베드로가 주의 말씀 곧 오늘 닭이 두 번 울기 전에 네가 세 번 나를 부인하리라 하심이 생각나서 밖에 나가서 심히 통곡하니라"라고 나와 있지. 예수님과 베드로의 눈이 마주친 거야. 예수님은 왜, 그리고 어떤 마음으로 베드로를 바라보셨을까? 이전에 예수님을 부인하는 일은 없을 것이라며 당당했던 베드로에게 실망스러운 눈빛을 보내신 것이었을까?

아빠가 의사고시를 준비하던 시기에 너희 할머니는 유방암 진단을 받으셨어. 할머니의 수술을 결정하고 유방암 공부를 다시 하느라 아빠는 정신없이 시간을 보냈단다.

할머니가 수술을 마치고 회복하셨을 때 정신을 차려보니 의사고시가 얼마 남아있지 않은 상황이었어. 다른 친구들은 시험 준비가 끝나가고 있을 무렵, 아빠는 그제서야 의대 창고에서 의사고시 문제집 박스를 찾아 공부를 시작했단다. 정말 막막한 상황에서 아빠를 도와준 건 아빠 동기였던 승현 삼촌이었어.

시간이 얼마 남지 않았으니 본인이 정리한 문제집으로 공부하라며 빌려주더구나.

시험 당일 고시장에서 문제를 푸는데 눈앞이 캄캄해졌어. 시험지를 받고 첫 번째 문제부터 살펴보는데 답을 모르는 문제였고, 두 번째 문제도 답을 모르겠는 거야. 시험지를 뒤로 돌려 마지막 50번째 문제를 봤는데 역시 모르는 문제였어. 시험을 포기하고 나가려는데 갑자기 누군가 아빠를 쳐다보는 느낌이 들더구나. 고개를 돌려보니 조금 떨어진 곳에서 승현 삼촌이 아빠를 보고 있었어. 눈이 마주쳤고, '포기하지 마'라고 말하는 듯한 승현 삼촌의 눈빛을 보았을 때, 아빠는 다시 마음을 고쳐먹었단다.

앉아서 25번 문제부터 풀어나가기 시작했어. 다행히도 50문제 중에서 다섯 문제만 모르는 문제였고, 그렇게 의사고시를 무사히 치를 수 있었던 거야.

예수님은 베드로를 어떤 눈으로 보셨을까? 의사고시장에서 아빠를 바라본 승현 삼촌의 눈빛보다도 더 깊은 격려의 눈빛을 보내셨을 것 같아. 몇몇 참회록을 읽으면서 아빠도 가끔 참회록을 쓰고 싶은 생각이 들곤 해. 그럴 때면 아빠는 시편 51편을 읽어본단다.

무릇 나는 내 죄과를 아오니 내 죄가 항상 내 앞에 있나이다 내가 주께만 범죄하여 주의 목전에 악을 행하였사오니 주께서 말씀하실 때에 의로우시다 하고 주께서 심판하실 때에 순전하시다 하리이다 내가 죄악 중에서 출생하였음이여 어머니가 죄 중에서 나를 잉태하였나이다(시 51:3-5).

우리는 어쩔 수 없이 죄를 범할 수밖에 없는 존재지만, 하나님은 사랑이시기에 또 우리를 용서해 주신단다. 베드로를 보시던 눈빛으로 오히려 범죄한 우리를 위로하시고 격려하시는 예수님을 기억하렴. 정말 뻔뻔하지만 우리는 자녀이기에 뻔뻔하게 기도하며 살아갈 수밖에 없단다.

로마서 7장 14-15절에 보면 사도 바울도 참회록을 기록했다는 것을 알 수 있어. 날마다 두 자아가 싸우고 있기에 스스로를 곤고한 자라고 이야기하고 있지. "나는 죄인 중에 괴수"라고 했으니, 아마 사도 바울은 선한 자아가 더 자주 패하고 있었던 것 같아.

아빠는 어떨까? 선한 자아가 이기는 삶을 살고 있을까? 언젠가 타인으로부터 비난을 받았을 때 아빠는 그 시험을 잘 넘긴 적이 있었다고 말했지만, 아마 그 시험 전에 백만 번쯤 선하기를 실패했을 거야. 그리고 앞으로의 삶에서도 아마 백만 번의 실패가 아빠를 기다리고 있겠지. 헌금이나 구제 혹은 교회 안에서 종교적으로 뭔가 거룩하게 보이는 행위를 할 때 나 스스로 완벽하게 순결한 마음을 가지지 못하는 모습을 보게 되기도 해. 하나님께 기도할 때도 내면의 탐심이 불쑥 튀어나오는 스스로의 모습에 놀라기도 하지. 하지만 성도는 절망하지 않을 수 있어.

나무를 예로 생각해 보자. 10년, 20년을 키워도 열매를 맺지 않던 나무에 어느 날 작고 못생긴 열매가 열렸다면, 그리고 그 열매를 먹어보니 사과라는 것을 알게 되었나면 사람들은 그 나무를 사과나무라고 정의하겠지? 긴 시간 동안 가라지만 자라던 밭에 어느 날 못생긴 장미 한 송이가 피어난대도 그 땅을 장미꽃밭으로 여겨주시는 것, 그것이 바로 하나님의 사랑이란다.

완벽한 삶을 살아내는 사람은 없단다. 그러나 우리를 모두 '존귀한 자'로 여겨주시는 하나님을, 매일매일 죄 앞에 무너지는 우리를 즐거움으로 여겨주시는 하나님을 기억하기 바란다. 그 따뜻한 은혜 속에 매일매일 최선을 다해 삶을 살아내는 너희가 되었으면 좋겠구나.

문득 예주가 어렸을 때 외할머니에게 한 이야기가 생각나.

"할머니, 저는 아빠 같은 사람과 결혼해서 엄마처럼 살고, 언니 같은 아이를 낳고 싶어요"라고 했지. 우리 가족을 사랑하고 아끼는 예주의 마음이 아빠에게 깊은 감사의 제목이 되었어. 하지만 어느 날은 예주가 체념한 목소리로 "아빠 같은 남자도 만나지 못할 것 같고, 믿음으로 살지도 못할 것 같아요"라고 이야기하더구나. 예주가 바라는 이상향에 도달하기가 너무나도 힘들다는 것을 깨닫게 된 것 같았어.

십계명대로 사는 삶은 마치 백만 송이 꽃을 피우는 삶과 같고, 우리는 완벽하게 십계명을 살아내는 이상적인 삶을 꿈꾸지만 현실은 이상과 아주 멀리 있단다. 아빠 역시 백만 송이 장미를 피우는 것은 거의 불가능하지. 하지만 우리는 걱정할 필요가 없어. 인생의 승패는 내가 어떤 위대한 업적을 이뤘는지에 있지 않아. 그리고 내가 얼마나 정결하게 죄 없이 살아왔는지도 우리 인생의 성공과 실패를 결정짓는 기준이 될 수 없어.

오히려 인생의 승패는 하나님께서 동행해 주셨는가에 있단다. 사실 성경에 나오는 믿음의 선진들이 살아간 모습들을 차분히 지켜보면 다들 죄 많은 인생을 살았음을 알 수 있어. 아브라함은 아내를 두 번이나 팔아먹은 나쁜 놈이었고, 야곱은 거짓말을 한 사기꾼이었지. 베드로는 예수님을 모른다고 세 번이나 부인한 뻥쟁이었고, 사도 바울은 스데반 집사를 죽인 살인자나 다름없었어. 하지만 하나님은 분명히 이들을 사용하셨어. 하나님께서는 만세 전부터 이들을 언약 백성으로 예정하셨고 조건 없이 사랑하셨지. 구원은 인간이 가진 조건이나 하나님께 보인 충성에 영향을 받지 않고 오직 하나님의 예정과 선택, 부르심, 사랑하심, 동행하심에 있단다. 에베소서 1장에 보면 성도는 결국 영광의 찬송이 된다고 기록되어 있어. 심지어 하나님께서는 우리를 만세 전에 예정하시고, 부르시고, 의롭다 하시고, 거룩하게 하시고, 결국 우리의 마지막을 영화롭게 하셨지. 우리의 마지막이 영광의 찬송이라니 이보다 더 큰 위로가 어디 있을까?

혹 아빠가 가르쳐 준 대로 살지 못하고, 엄마처럼 현숙한 여인이 되지 못한다 해도, 그리고 백만 송이 장미를 피우지 못하더라도 스스로의 삶에 회의를 느끼거나 낙심하지 않기를 바란다.

만약 회의감이 찾아들고 낙심 되려고 하면 렘브란트의 〈돌아온 탕자〉를 떠올려보렴. 하나님은 이렇게 말씀하실 거야.

"사랑하는 내 딸아, 괜찮아!"

우리의 연약함을 다 아시는 하나님의 사랑 안에서 큰 평안과 위로를 얻고, 다시 힘을 낼 수 있을 것이라 확신한다.

승현 삼촌 덕분에 아빠는 시험을 포기하지 않을 수 있었대요

인생의 승패는 내가 어떤 위대한 업적을
이뤘는지에 있지 않아. 인생의 승패는
하나님께서 동행해 주셨는가에 있단다.

부록

아빠가 추천하는
책과 영화, 한 줄 이야기

책

1) 그림책

『왕을 태운 당나귀』, 『왕자의 독이 든 잔』, 『우리는 언제 다시 만나』, 『더러운 옷』, 『강아지 똥』, 『엄마가 니에 대해 책을 쓴다면』, 『꽃들에게 희망을』

2) 소설

- 『어린 왕자』_앙투안 드 생텍쥐페리
- 『예루살렘의 아이히만』_한나 아렌트
- 『맡겨진 소녀』_클레어 키건: 치유받은 치유자에 대한 이야기. 자신의 상처로 타인의 상처를 치유하는 카우아이섬의 어른들처럼 되기를 힘쓰기.
- 『바베트의 만찬』_이자크 디네센: 공의와 은혜에 대해 고민하기 (경건과 율법에 은혜가 빠지면 공허하고 건조함), '최후의 만찬'을 떠올

리며 읽어보기. 세상은 은혜받은 성도가 은혜를 드러내야 할 곳이라는 걸 기억하기(성과 속을 이분하면 안 됨).
- 『마농의 샘』_마르셀 파뇰: 하나님 없이 사는 사람의 인생을 보여주는 책. '어리석은 부자' 이야기를 떠올리며 읽어보기.
- 『레미제라블』_빅토르 위고: "긍휼을 입은 자가 긍휼을 베푼다"는 것을 알려주는 책. 주인공 장이 변화되는 이유, 경감이 주는 이유를 생각하며 읽어보기.

3) 신앙서적

- 『천로역정』_존 번연: 아빠가 중학생 때부터 지금까지 매년 1월이 되면 읽는 책. 여러 번 읽어보는 것을 추천!
- 『참회록』_어거스틴: 죄 된 사람의 본성에 대한 이야기. 죄사함의 은혜와 조건 없는 사랑에 대해 깊이 묵상해 보기.
- 『소요리문답, 삶을 읽다』_정요석: 너희와 함께 읽었던 책. 교리를 삶에 어떻게 적용할지를 생각해 보기.
- 『사도신경』_손재익, 『사도신경』_이승구: 우리가 무엇을 믿는지 알아야 하기 때문에 중요한 책. 신앙을 고백하는 삶에 대해 생각하기.
- 『기독교강요』_존 칼뱅: 성경에 대한 이해를 100% 달라지게 만드는 책. CH북스의 발행물을 추천. 어렵다면 세움북스에서 나

온 『처음 시작하는 기독교강요』로 시작해 보기.
- 『30주제로 풀어본 기독교강요』_문병호: 기독교강요 책 중 비교적 얇고 쉬운 책.
- 『전가 교리』_신호섭: 전가 교리를 간략하고 명확하게 설명해 주는 책. 제임스 뷰케넌의 『칭의교리의 진수』도 함께 읽어보기.
- 『인간본성의 4중 상태』_토마스 보스턴: 아빠 친구가 번역비를 후원하여 출간된 책. 무척 두꺼운 책이지만 50대 정도에 한 번쯤은 꼭 도전해 보기.
- 『요한계시록 강해』_이상웅: 계시록에 대한 많은 오해와 이단들의 계시록 왜곡을 분별할 수 있게 해주는 중요한 책. 두꺼운 책이지만 재미있고 따뜻한 책으로 종말론이 무섭다면 꼭 읽어보기.
- 『신자는 그래도 제 길을 간다』_정창균: 하박국을 묵상할 때 꼭 읽어봐야 할 책.
- 『하나님을 만나다』_정창균: 룻기를 묵상할 때 꼭 읽어야 할 책.
- 『룻기』_조영민: 룻기를 주제로 한 책 중에 너희 엄마가 가장 좋아하는 책.
- 『기도인가 주문인가?』_정요석: 기도가 무엇인지, 기도를 어떻게 해야 할지 궁금할 때 읽어보기.
- 『그러면 우리는 어떻게 살 것인가』_프란시스 쉐퍼: 신자로서 어

떻게 살아갈 것인가에 대해 고민해 보기. 신자들에게 올바른 삶의 방향성을 제시해 줄 수 있는 책.

- 『성부 하나님 성자 하나님』_로이드 존스: 교리 공부를 시작하고 싶을 때 읽으면 좋은 책.
- 『신앙과 정서』_조나단 에드워즈: 읽기 어려울 수 있지만 끝까지 읽게 되면 신세계가 보일 것이라 확신함. 너희가 더 성수하여 장성했을 때, 혹은 노년에 읽어보면 좋을 책.
- 『하나님의 열심』_박영선: 박영선 목사님은 훌륭한 신학자로 아빠는 직접 만나 뵙기 전에 설교 영상 50개 정도를 찾아본 후 팬이 됨. 남포교회 홈페이지에 설교 영상도 있으니 찾아보기.
- 『욥기』_박영선: 욥기를 읽을 때 꼭 참고하기. 아빠는 이 책을 읽고 욥기에 대한 생각이 조금씩 열리기 시작함.
- 『365 가정예배』_임경근: 너희들이 어렸을 때 우리 가족이 말씀 묵상에 많은 도움을 받았던 책. 훗날 너희도 자녀들과 함께 꼭 읽어보기.
- 『정암 주석 성경』_박윤선: 아빠 엄마가 날마다 조금씩 읽어가는 주석 성경.
- 『이지 성경통독』_임경근: 성경통독을 할 때 함께 펼쳐두고 참고하면 좋은 책.
- 『기독교란 무엇인가?』_한병수: 아빠가 중국어 번역본을 만들고

싶었던 기독교 요약집.
- 『시편 그 아들에 입 맞추라』_신혁: 신혁 목사님의 시편은 아름답고, 또 다른 책 『잠언』은 지혜롭다.
- 『오직 은혜입니다』_박순용: 〈바베트의 만찬〉 영화를 보고, 필립 얀시의 『하나님의 은혜』와 함께 읽어보면 좋을 책.

영화

- 〈벤허〉: 벤허가 복수에 성공한 뒤 원수 메살라를 닮는 것에 주목해 보기. 세상은 벤허 같은 사람을 메살라처럼 만들어서 온 세상은 메살라 같은 사람들로 가득함. 메살라들의 심장에 박힌 칼을 빼는 방법은 오직 십자가의 보혈뿐임을 기억하기.
- 〈쇼생크 탈출〉: 속박과 자유함에 대해 생각해 볼 수 있는 영화. 쇼생크로부터의 탈출이 아니라 쇼생크의 구원이라는 말을 기억하며 보기. 마지막 장면인 멕시코 해변에서의 주인공 앤디의 모습이 미래에 섬진강 가에 있는 아빠의 모습과 비슷하길 바라는 마음으로 추천.
- 〈마농의 샘〉: 하나님을 모르면 모든 인생은 이렇게 죽는다는 걸 기억하기. 어리석은 부자 이야기를 생각하며 보면 좋을 영화.
- 〈바베트의 만찬〉: 은혜에 대해서 다시 한번 생각할 수 있게 해주는 영화.

- 〈밀양〉: "용서란 무엇일까?" 생각하며 보기. 용서는 먼저 하나님께, 그리고 세상 법에, 피해자에게, 마지막으로 나 자신에게 구해야 함. 마태복음 5장 23-24절을 함께 읽어보기.
- 〈인생은 아름다워〉: 인생이 아름다운 이유가 무엇이었는지 생각해 보기. 아버지의 사랑이 있으면 험악한 환경도 게임이 될 수 있고, 죽음의 공포는 유머가 될 수 있음.
- 〈천로역정〉: 책과 함께 보면 더 좋을 영화. 아빠는 어떠한 인물을 추적하여 공부하는 것을 좋아해. 예를 들어 존 번연이라는 인물을 좋아하게 되었다면 그분의 모든 저작과 글, 강의를 읽고 듣고 습득해 보는 거야. 이것은 좋은 공부의 방법이 될 수 있단다. 그동안 아빠가 추적해서 공부해온 과정은 대략적으로 아래와 같아.

존 번연 → 문정식 → 마틴 로이드 존스 → 조나단 에드워드
→ 신호섭 → 한병수 → 정창균 → 안상혁 → 박영선 (시간순)

아빠의 글 대부분은 위 인물을 추적하며 공부하는 동안 배운 것들이란다. 결국 귀한 분들의 글과 강연, 설교에서 아이디어를 얻은 것이지. 너희도 마음에 잘 새기며 읽어보렴. 아래의 빈 공간은 훗날 너희들이 채워나가길 바란다.

감사의 말

이 책은 사실 제 이야기를 담았지만, 제 손으로만 쓴 책은 아닙니다. 20년 가까이 딸들에게 매일 보냈던 묵상과 기도 편지들을 정리해 준 큰딸 보인의 손길이 없었다면 이 책은 세상 빛을 보지 못했을 것입니다. 7,000편이 넘는 글들 가운데 일부를 선별하고, 오타를 바로잡고, 아빠의 말투를 담아 따뜻한 문장으로 풀어내는 데 보인이의 손이 닿지 않은 곳이 없습니다. 저는 꿈을 이루었습니다. 자녀가 부모의 신앙과 생각, 삶의 방향에 동의하고, 아빠의 언어로 된 글들을 책으로 엮어주었으니까요.

저는 섬진강 가에서 조용히 사라져도 이상하지 않을 무명, 무력한 일개 의사일 뿐입니다. 그런 저에게 하나님은 '다름과 틀림'이라는 화두를 주셨고, 인도하심에 따라 그 길을 함께 걸어갈 귀한 벗들과 스승들을 만나게 되었습니다.

함께한 이들을 기억하며

윤재순: 총신대학교를 졸업할 무렵, 저에게 '다름과 틀림'이라는 깊은 질문을 던져주신 분입니다.

홍민석 장로: 열아홉 살 때부터 친구이며, 해남 문내면 '하나의원' 원장입니다. 청교도 신학을 사랑하여 서재 전체가 개혁신앙과 청교도 고전들로 가득하고, 청교도 대작 시리즈 출판을 후원하셨습니다. 서재를 저희에게 개방해 주시고, 귀한 책들을 기꺼이 빌려주셨습니다.

오기창 친구: 하동 참사랑내과 원장이며, 유튜브 '내과의사 사이먼'으로 활동 중입니다. 함께 여러 목사님을 초청하여 강의를 들으며 신앙의 깊이를 나누었습니다.

김덕수 친구: 포항 '닥터웰' 의원 원장이며, 유튜브 '닥터덕' 채널을 운영하고 『세포 리셋』 등의 책을 집필했습니다. 오랜 시간 기능의학과 신학을 함께 공부해온 귀한 동역자입니다.

귀한 가르침을 주신 분들

문정식 목사님: '언약과 구속사'를 가르치기 위해 여러 차례 서울에서 순천까지 찾아와 주셨습니다. 언약을 통해 영원을 바라보는 눈을 열어주셨습니다.

한병수 목사님: 그분의 가르침을 통해, 성경 전체가 사랑으로 엮여 있다는 감동을 얻게 되었습니다.

신호섭 교수님: 개혁신학을 공부하며 생긴 수많은 궁금함에

늘 신질히 답해 주셨습니다. 그 덕분에 전가 교리의 참 의미를 알게 되었습니다.

안상혁 총장님: 제가 직접 교회사를 가르쳐 보려다 포기하고, 가족 수련회를 통해 교수님의 특강을 들었습니다. 종교개혁사를 흥미롭게 배운 시간이었습니다.

정창균 목사님: 합신 총장을 역임하셨고, '설교자하우스'를 통해 강의 기회를 주셨습니다. 그 강의안이 기능의학 관련 책으로도 출간되는 열매를 맺게 되었습니다.

박영선 목사님: 『하나님의 열심』을 시작으로 설교 영상들을 수차례 반복해 들었습니다. 직접 얼굴을 뵈었을 땐 벅찬 감동이 있었고, 그 짧은 만남에서도 '언약'과 '묶임'에 대한 깊은 통찰을 얻었습니다.

잊지 못할 한 분

故 이성민 집사님: 다음 카페 '바른신학 바른신앙'의 청지기로, 제 글들을 아깝다며 세상에 내어놓으라고 여러 차례 격려해 주셨습니다. 그 말씀들이 책을 내는 용기를 주었습니다. 천국에서 기뻐하시리라 믿습니다.

특별한 인연들

조삼덕 사모님: 지금은 광주경신여고 교장 선생님이 되셨지만 청년부에서 함께 동역해온 오래된 인연입니다. 신혼집에 초대해 한 자매를 소개해 주시며 제 인생을 바꿔놓으셨지요. 그때 만난 자매와 한 몸을 이뤄 부부로 살아가고 있습니다. 원고를 함께 보며 제 기억이 흐릿한 부분들을 감수해 주셨습니다.

아내 김은아 권사: 결혼 생활 30년 가까이 늘 제게 봄이 되어준 현숙한 여인입니다. 이 책이 가능했던 건 그 사랑과 인내의 힘 덕분입니다.

두 딸 보인, 예주: 방학이면 가족 성경 세미나를 열곤 했습니다. 한 번도 불평하지 않고 어려운 성경과 신학 공부도 묵묵히 잘 따라와 주었습니다. 잘 자라주어 세상으로 나갈 준비 중입니다.

책 내용의 대부분은 저희 가족의 창작물이기보다는, 성령님의 감동하심을 입은 귀한 분들의 가르침과 설교 저서를 잠시 빌려온 것임을 고백합니다. 부디 이 책이 단 한 분에게라도 유익이 되기를, 말씀을 사랑하는 누군가에게 작은 위로와 길잡이가 되기를 간절히 바랍니다. 감사합니다.

사명선언문

너희가 흠이 없고 순전하여……세상에서 그들 가운데 빛들로
나타내며 생명의 말씀을 밝혀 _ 빌 2:15-16

1. 생명을 담겠습니다
만드는 책에 주님 주신 생명을 담겠습니다.
그 책으로 복음을 선포하겠습니다.

2. 말씀을 밝히겠습니다
생명의 근본은 말씀입니다.
말씀을 밝혀 성도와 교회의 성장을 돕겠습니다.

3. 빛이 되겠습니다
시대와 영혼의 어두움을 밝혀 주님 앞으로 이끄는
빛이 되는 책을 만들겠습니다.

4. 순진히 행하겠습니다
책을 만들고 전하는 일과 경영하는 일에 부끄러움이 없는
정직함으로 행하겠습니다.

5. 끝까지 전파하겠습니다
모든 사람에게, 땅 끝까지, 주님 오시는 그날까지
복음을 전하는 사명을 다하겠습니다.

서점 안내

광화문점	서울시 종로구 새문안로 69 구세군회관 1층 02)737-2288 / 02)737-4623(F)
강남점	서울시 서초구 신반포로 177 반포쇼핑타운 3동 2층 02)595-1211 / 02)595-3549(F)
구로점	서울시 동작구 시흥대로 602, 3층 302호 02)858-8744 / 02)838-0653(F)
노원점	서울시 노원구 동일로 1366 삼봉빌딩 지하 1층 02)938-7979 / 02)3391-6169(F)
일산점	경기도 고양시 일산서구 중앙로 1391 레이크타운 지하 1층 031)916-8787 / 031)916-8788(F)
의정부점	경기도 의정부시 청사로47번길 12 성산타워 3층 031)845-0600 / 031)852-6930(F)
인터넷서점	www.lifebook.co.kr